Palare e scrivere agli altri con più fuoco.
Scuoterli, 'animarli', suscitarli, infiammarli per
le glorie delle realizzazioni spirituali e per la
santità e l'urgenza del servizio salvatore –

Lasst uns zu den Anderen mit mehr Feuer sprechen und schreiben. Sie erschüttern, beseelen,
entflammen für das Leuchten des spirituellen
Seins und für die Heiligkeit und Dringlichkeit
des heilenden Dienstes –

Roberto Assagioli

Psychosynthese-Akademie Bd. 1

Ursel Neef / Georg Henkel

PSYCHOSYNTHESE –
SYSTEMATISCH-INTEGRATIV!

EINE EINFÜHRUNG

© 2014 Ursel Neef / Georg Henkel.

Umschlaggestaltung, Abbildungen & Layout:
Ursel Neef / Georg Henkel

Redaktionelle Mitarbeit: Dr. Sven Kerkhoff
Umschlagmotiv: Petra Karl

Verlag: tredition GmbH, Hamburg
ISBN: 978-3-8495-8073-5
Printed in Germany

Bibliografische Information der Deutschen Nationalbibliothek:
Die Deutsche Nationalbibliothek verzeichnet diese Publikation in der Deutschen Nationalbibliografie; detaillierte bibliografische Daten sind im Internet über http://dnb.d-nb.de abrufbar.

Inhaltsverzeichnis

„Wovon das Herz voll ist ...“

Der zentrale Seminarraum im Wuppertaler Institut für Psychosynthese und Interpersonale Psychologie liegt mit drei Seiten in einem schönen alten Garten, der während des Lernens und Lehrens immer wieder als Ort der vielfältigen Inspiration aufgesucht werden kann. Es ist ein Platz zum Wachsen und Entwickeln. Es ist die gemeinschaftliche Stätte zur kreativen Entfaltung.

An dieser Stelle entstand unsere Idee, das Erfahrene und Gelernte miteinander in eine virtuelle Psychosynthese-Akademie einzubringen. Ihr Anliegen wird es sein, das Wissen und die Methodik der Psychosynthese auf einem hohen Qualitätsniveau allgemein zugänglich zu präsentieren. Wir freuen uns, dass nun nach einer sehr schönen Zeit gemeinsamer und vertrauensvoller Arbeit das erste Buch erscheinen kann.

In dieser ersten Arbeit soll Ihnen die **Systematisch-Integrative Psychosynthese (SIPS)** vorgestellt werden. Wir verfolgen damit zunächst zwei Ziele: Zum einen möchten wir einen grundlegenden, gut verständlichen Einstieg in die Psychosynthese und die wegweisende Arbeit ihres Begründers, Roberto Assagioli, bieten. Zum anderen möchten wir mit SIPS eine Systematik in die sehr offene Struktur der Psychosynthese hineinbringen, die den neuesten Entwicklungen und Erkenntnissen aus Psychologie und Neurologie Rechnung trägt. Sie soll helfen, den individuellen Weg der Bewusstseinsentwicklung in seinem inneren Aufbau verständlich und nachvollziehbar zu machen. Innerhalb der großen Fülle der psychosynthetischen Richtungen und Anwendungen ist SIPS ein erprobter Weg für die eigene wie für die therapeutische Praxis. Im großen Haus der Psychosynthese möchten wir mit diesem speziellen Ansatz einen Raum bewohnen.

Wir beide wünschen uns, dass durch diese Einführung in die am Wuppertaler Institut entwickelte und gelehrte Systematisch-Integrative Psychosynthese viele Neugierige Lust bekommen, sich mit den wunderbaren Möglichkeiten der psychosynthetischen Arbeit näher vertraut zu machen. Wir hoffen aber auch, dass wir den Professionellen aus der Beratungs- und therapeutischen Praxis neue und wichtige Impulse für ihre Arbeit geben zu können. Die Psychosynthese ist eine hochwirksame und facettenreiche Methode zur Entwicklung von menschlichem Bewusstsein und entsprechend ist sie bereits in vielen Ländern gut etabliert. Wir wünschen uns, dass sie auch in Deutschland den ihr angemessenen Platz in der Therapielandschaft bekommt. Wenn wir hierzu einen Beitrag leisten können, haben sich unsere Mühen gelohnt.

Mit Freude können wir am Ende dieser ersten Arbeit feststellen, dass sich neue Mitstreiter für unser Anliegen gefunden haben und wir weiter machen werden! In Fortsetzung zu diesem Buch arbeiten wir zurzeit an einem SIPS-Praxisbuch der klassischen Psychosyntheseübungen und ihrer methodischen Umsetzung. Es wird unter anderem genaue Anleitungen zu den Werkzeugen und Übungen bieten, auf die im Rahmen dieser Einführung nur kurz eingegangen werden kann.

Wir haben das Buch für Sie geschrieben. Machen Sie es zu Ihrem eigenem. Wir sehen uns im Garten der Psychosynthese!

Ursel Neef – Georg Henkel

I. Gelebte Psychosynthese: Roberto Assagioli

Georg Henkel

Nachfolgendes biographisches Porträt von Roberto Assagioli beleuchtet vor allem solche Aspekte seiner Persönlichkeit und seiner Arbeit, die zu einem grundlegenden Verständnis der von ihm begründeten psychotherapeutischen Richtung, der Psychosynthese, beitragen können. Assagiolis besonderes Charisma, sein liebenswürdiger Humor und seine Menschlichkeit sind ohne Zweifel von sehr großer Bedeutung für sein erfolgreiches Arbeiten gewesen. Seine charismatische Erscheinung wurde aber im Hintergrund immer von seinen handwerklichen und technischen Fähigkeiten im therapeutischen Arbeiten begleitet. Beides zusammen macht die Psychosynthese als Bewusstseinsschule so erfolgreich! Besonders spannend ist dabei, was Assagioli zum Verhältnis von Therapeut und Patient, zu den Voraussetzungen erfolgreicher psychosynthetischer Arbeit und zur Struktur des gesamten Prozesses geschrieben hat. Hier gibt es viel Erstaunliches und Erhellendes zu entdecken.

Ich möchte Sie einladen, mich auf dieser Entdeckungsreise zu begleiten!

Roberto Assagioli (1888-1974)

Foto: R. Assagioli, Handbuch der Psychosynthese, Rümlang 2004.
Abdruck mit freundlicher Genehmigung des Nawo-Verlags

„Freiheit im Gefängnis"

Es gibt eine Episode aus dem Leben Roberto Assagiolis, in der die Essenz seiner Lehre, der Psychosynthese, besonders klar und deutlich erkannt werden kann: 1940 wurde Assagioli wegen seiner pazifistischen Haltung angezeigt und verhaftet. Im faschistischen Italien Mussolinis hatte er wegen seiner jüdischen Herkunft und der Gründung eines Instituts für Psychosynthese schon seit Längerem mit Schwierigkeiten kämpfen müssen; 1938 war das Institut in Rom geschlossen worden. Nun wurde er zu einem Monat Gefängnis verurteilt. Es ist bezeichnend, dass er auf diese Episode nicht mit Bitterkeit und Groll, sondern vielmehr mit Dankbarkeit zurückblickt. Er begriff diese äußere Krise als eine Möglichkeit zu innerem Wachstum:

> Ich erkannte, dass ich frei war, entweder die eine oder andere Einstellung gegenüber der Situation einzunehmen, ihr den einen oder den anderen Wert beizumessen, sie in dem einen oder in dem anderen Sinne zu nutzen.[1]

In dieser Aussage Assagiolis klingen bereits zwei zentrale Prinzipien an, die charakteristisch für die von ihm entwickelte Psychosynthese sind: die Dis-Identifikation von Gedanken und Gefühlen, um echte Gelassenheit und Wahlfreiheit zu erlangen, und der Wille, gut für sich zu sorgen und Verantwortung für sich selbst zu übernehmen.

DISIDENTIFIKATION

Assagiolis Selbstzeugnis ist ein vorzügliches Beispiel dafür, wie sehr er selbst in der Lebenskunst der Disidentifikation geübt war, so dass er seine Situation nicht als Beschränkung, sondern als Fülle von Möglichkeiten – er spricht sogar von Privilegien! – wahrnehmen konnte:

> Ich hätte mich auflehnen oder passiv unterordnen können; dahinvegetieren oder mich dem Genuss des Selbstmitleids hingeben und die Märtyrerrolle einnehmen. Ich hätte die Situation auch auf sportliche Art und mit Humor nehmen und

sie als neues und interessantes Erlebnis betrachten können. Ich hätte eine Ruhe-Kur daraus machen können oder eine Zeit des intensiven Nachdenkens über persönliche Belange oder über mein vergangenes Leben oder über wissenschaftliche und philosophische Probleme. Oder ich hätte die Situation nutzen können, um mich einem Training psychologischer Fähigkeiten zu unterziehen und um psychologische Experimente an mir selbst durchzuführen; schließlich hätte ich auch ein spirituelles Retreat daraus machen können.
Ich verstand, dass es nur von mir selbst abhing, dass ich frei war, die eine oder mehrere dieser Tätigkeiten oder Haltungen auszuwählen, und dass diese Wahl bestimmte unumgängliche Wirkungen hat, die ich voraussehen konnte und für die ich voll und ganz verantwortlich war. Mein Geist hatte keinerlei Zweifel an dieser essentiellen Freiheit und Macht und auch nicht an den Privilegien, die sich mir boten, und an der Verantwortung mir selbst, meinen Freunden und dem Leben gegenüber.[2]

Assagioli erkennt, dass er die Wahl hat, wie er seine Situation bewertet und damit umgeht. Er ist kein Opfer der Umstände, sondern gestaltet diese mit. Er weiß, wie er für sich sorgen kann, statt sich in Sorgen über sich selbst zu verlieren. Auf gewisse Weise erschafft er selbst in diesem Moment seine Wirklichkeit überhaupt erst. Dabei wirkt das, was Assagioli so treffend als „Magie unserer Einstellung" bezeichnet.[3] Man lässt sich nicht leben, man lebt selbst. Und so zu leben, ist eine Kunst.

Freilich bedarf es dazu einer Konzentration und Koordination im seelischen Haushalt: Verschiedene widerstreitende Impulse erscheinen im Feld von Assagiolis Bewusstsein; trefflich charakterisiert er in obigem Text deren Eigenarten und ‚Botschaften'. In der psychosynthetischen Arbeit spricht er bei diesen seelischen Impulsen auch von „verschiedenen Selbsten" oder „Teilpersönlichkeiten". Zum besseren Verständnis dieses Begriffs hilft ein Blick in seine therapeutische Praxis weiter: Wenn Assagioli mit Patienten arbeitete, leitete er sie u. a. an, bislang unbewusst wirksame Gedankenmuster und Affekte wahrzunehmen, um sich dann von diesen zu disidentifizieren, d. h. den Gedanken und Gefühlen gegenüber in eine Beobachter-Rolle zu gehen (statt unbewusst mit ihnen identifiziert zu sein). Die Gedankenmuster und Gefühle wurden dazu personifiziert. Assagioli erkannte, dass seelische Impulse in der Gestalt von Teilpersönlichkeiten von Patienten selbst viel unmittelbarer in ihrer Dynamik erlebt und bearbeitet werden konnten, als wenn er mit ihnen über diese Impulse lediglich analysierend geredet hätte. Gerne benutzte er das Bild von Musikern in einem Orchester, die einer kompetenten Leitung bedürfen, um gut zusammenzuspielen. Der Patient wurde zum Dirigent seines Seelen-Orchesters, bei dem die Pulte mit verschiedenen Teilpersönlichkeiten besetzt sind. Erst alle zusammen erzeugen den vollen sinfonischen ‚Klang des Lebens' und dies auch nur dann, wenn die Führung wach und willensstark ist. Assagioli unterstützte seine Patienten darin, ihr inneres Orchester zu einem harmonischen Ensemble zu formen, das der ‚Partitur des Lebens' unter ihrer Leitung virtuos folgt, statt unsicher und reflexartig dagegen anzuspielen.

Auf diese Weise gewannen seine Patienten Selbst-Kompetenz, d. h. sie selbst lernten, mit ihren inneren Antrieben und seelischen Bewegungen souverän umzugehen und sie als wechselnde Rollen zu begreifen, die sie auf der Bühne des Lebens spielen.

Doch zurück zu Assagiolis Selbstzeugnis: Leicht lassen sich verschiedene Selbste oder Teilpersönlichkeiten identifizieren. Da ist der Kämpfer, der sich auflehnt; dann der Demütige, der sich passiv in die Verhältnisse fügt; hier macht sich der Verzweifelte oder Dramatiker, der sich aufgibt („dahinvegetiert") bemerkbar und dort äußert sich der Wehleidige, der sich selbst bedauert und sein Schicksal als negative Auszeichnung bzw. als Mittel zur Selbsterhöhung im Leiden („Märtyrer") begreift. Es melden sich aber auch der distanzierte Humorist bzw. innere Narr Assagiolis oder die Teilpersönlichkeit des neugierigen Wissenschaftlers, der das Ganze nicht weiter persönlich nimmt, sondern als interessantes Selbstexperiment auffasst. Der Reflektierende sieht darin gar die Möglichkeit, eine Auszeit zur Rekreation zu nehmen und sich einfach mal zu entspannen! Man erkennt, dass manche Teilpersönlichkeiten einen eher begrenzten Horizont haben und weniger flexibel in ihren Reaktionen sind als andere. Einige sind auf bloßen Selbsterhalt aus (und sei es auf niedrigstem Anpassungsniveau), andere haben offenbar so große Ressourcen, dass sie der Situation mit weiser Gelassenheit gegenübertreten können und sie regelrecht transzendieren („spirituelles Retreat"). Wir erkennen auch, dass sich viele Impulse bzw. Teilpersönlichkeiten komplementär verhalten und in einer gewissen Polarität zueinander stehen.

Was für ein psychologisch interessantes seelisches Personal! Und was für eine innere Freiheit, seine Lebensverantwortung als große Chance zu begreifen und all diesen Persönlichkeitsanteilen grundsätzlich akzeptierend und mit Aufmerksamkeit zu begegnen und dabei stets offen für die Erfordernisse des Moments zu bleiben! Es geht bei Assagioli am Ende immer weniger um die äußere Situation als um die innerseelischen Prozesse der Bewertung, Verarbeitung, Verweigerung oder Hingabe, die dadurch ausgelöst werden. Hier liegt für ihn die eigentliche Arbeit, denn äußerlich gibt es ja gerade nur wenig zu tun oder zu erreichen. Welcher Anteil wird schließlich die Oberhand behalten? Wie werden die verschiedenen Impulse harmonisiert? Lassen sich die ängstlichen oder unglücklichen Anteile transformieren und integrieren?

Das entscheidet Assagiolis bewusstes Ich (das man auch als ‚bewusstes personales Selbst' bezeichnen kann). Um überhaupt in die Lage zu kommen, frei wählen und gestalten zu können, muss das Ich grundsätzlich disidentifiziert sein, d. h. selbst-bewusst. Darum spricht Assagioli auch von Selbstidentifikation und meint damit die „Erfahrung reiner Selbst-Bewusstheit, unabhängig von irgendeinem Inhalt oder einer Funktion des Ich im Sinne von ‚Persönlichkeit'".[4] Das Ich nimmt gegenüber der Persönlichkeit und ihren verschiedenen charakterlichen Anteilen, Wahrnehmungen, Gefühlen oder Triebkräften einen Beobachterstandpunkt ein. Das Prinzip der Disidentifikation lässt sich mit Assagioli auf eine einfache Formel bringen:

> Ich habe einen Körper, aber ich bin nicht mein Körper.
> Ich habe Gefühle, aber ich bin nicht meine Gefühle.
> Ich habe Wünsche, aber ich bin nicht meine Wünsche.
> Ich habe Verstand, aber ich bin nicht mein Verstand.
> Ich bin ein Zentrum reiner Selbst-Bewusstheit.[5]

Der Körper kann müde sein und die Erschöpfung vom Ich gespürt werden. Eine Gestimmtheit - Ärger, Begeisterung, Mutlosigkeit –

kann vom Ich wahrgenommen werden. Ein Gedanke artikuliert sich und das Ich vernimmt ihn. Doch in allen Fällen ist nicht das Ich an sich müde oder verärgert oder gedankenvoll. Disidentifikation ist freilich nicht zu verwechseln mit Dissoziation: Assagioli steht nicht neben sich, sondern er ruht in sich selbst!

Da viele Teilpersönlichkeiten nur einen sehr begrenzten Blickwinkel haben und lediglich über eine verzerrte Wahrnehmung verfügen – z. B. der oder die ‚Wütende‘, ‚Ängstliche‘ oder ‚Selbstmitleidige‘-, neigen sie dazu, auf bestimmte Reize und Situationen stereotyp und starr zu reagieren. Sie bedürfen einer Transformation, um zu ihrer ungetrübten, lebensförderlichen Gestalt und Vitalkraft zurückzufinden und sich in die Gesamtstruktur der Persönlichkeit zu integrieren. In der wütenden Teilpersönlichkeit liegt z. B. ein enormes Willenspotential, in der ängstlichen verbergen sich häufig Respekt und Liebe zum Leben, in der selbstmitleidigen sind Gestaltungskraft und Empathie gebunden. Die bewusste Wahrnehmung solcher Anteile, ihre Akzeptanz, nachhaltige Transformation und letztliche Integration mit dem Ziel einer umfassenden Synthese der ganzen Persönlichkeit sind nur durch Bewusstheit, durch Disidentifikation zu leisten.

Die Disidentifikation nimmt dem Geschehen keineswegs den Ernst einer existentiellen Herausforderung. Assagioli flüchtet auch nicht in eine scheinbare spirituelle Überlegenheit, die letztlich nur eine andere Form der Verweigerung ist.[6] Sämtliche Tatsachen und Impulse werden vollkommen anerkannt und akzeptiert: So ist es! Assagioli trifft aus dieser positiven Grundhaltung heraus die für diesen Moment angemessene Entscheidung. Er überlässt sich nicht schwankenden Impulsen und Stimmungen, sondern leitet sich erfolgreich selbst, weil sein Ich als ein innerer Beobachter stark und weitsichtig genug ist, den widerstreitenden Impulsen mit Gelassenheit und der nötigen Distanz zu begegnen, um sie dann harmonisch auszubalancieren: Psycho-Synthese!

LIEBE UND WILLE

Psychosynthese ist Psychagogik im umfassenden Sinne, nämlich Seelen- und Selbst-Führung. Diese ist nicht ohne eine bestimmte Form der Konzentration möglich. Wir erkennen in Assagiolis Darstellung zwei wesentliche, sich ergänzende Kräfte,[7] denen in der psychosynthetischen Arbeit besondere Aufmerksamkeit geschenkt wird: Liebe (Öffnung, Hingabe, Akzeptanz) und Wille (Konzentration, Disziplin, Gestaltung, Aktion). Die Akzeptanz der Situation ist für Assagioli nicht gleichbedeutend mit willenloser Unterwerfung:

> Es handelt sich nicht um eine passive oder traurige Resignation, sondern um ein heiteres positives Annehmen eines unumgänglichen Zustandes, eine Ausschaltung aller nutzlosen Reaktionen, Aufstände und Emotionen. Ein aktives Suchen nach der besten Art, die sich bietenden Möglichkeiten der neuen Situation am Besten zu nutzen.[8]

Für das rechte selbst-bewusste Handeln bedarf das Ich eines ebenso starken wie geschickten und guten Willens. Eines Willens, der fokussiert ist und zugleich konstruktiv, um all die Impulse und Emotionen in ihrer Eigenart anzunehmen und dann so zu leiten, dass sie in ihrer Wirkung lebensförderlich sind. Wille ist für Assagioli eine Energie mit einer bestimmten Intensität, durch die Disziplin und (Selbst)-Kontrolle möglich sind, verbunden mit Konzentration, Zielbewusstsein und Entschlossenheit. Der Wille schenkt Beharrlichkeit und Geduld. Er verleiht Mut, um Wagnisse einzugehen und schließlich gelingt es mit Hilfe des Willens auch, komplexe Situationen zu koordinieren, verschiedene Aspekte zu integrieren und zur Synthese zu führen.[9] Erst durch die Erfahrung, einen Willen zu haben, ja, ein Wille zu sein, erkennt der Mensch, dass er „ein lebendiges Subjekt ist, das mit der Kraft ausgestattet ist, zu wählen, sich in Beziehung zu setzen und Veränderungen in seiner eigenen Persönlichkeit, in anderen und in Umständen zustandezubringen."[10] , Sich als Willen zu spüren, führt zu einer tiefen Erfahrung des Selbst und zur Entdeckung des Ich, das die verschiedenen psychischen Funktionen reguliert.[11] Willentlich zu sein' bedeutet darum in letzter Konsequenz, kompetent darin zu sein, sich selbst zu verwirklichen.

Mit Wille ist also eine dynamische Kraft gemeint, keine Verhärtung der Person; Assagioli spricht an anderer Stelle insbesondere vom „guten Willen", und meint damit jene „feine stille Macht, der sich niemand widersetzen kann, der alles nachgibt. Der gute Willen löst jeden Knoten, vertreibt jeden Schatten, löst jedes Problem"[12]. Nicht zuletzt durch seinen guten Willen bewahrte Assagioli im Gefängnis seinen inneren Frieden, ja sogar seine Fröhlichkeit, und konnte die Gelegenheit sogar nutzen, bei den Verhören von seiner Arbeit zu erzählen und seine Zuhörer schließlich für die Psychosynthese positiv einzunehmen.[13] Deutlich wird, dass Liebe und Wille nicht zu trennen sind, sondern unterschiedliche Aspekte einer ganzheitlichen, d. h. bejahenden und schöpferischen Hinwendung zum Leben, in welcher Form es auch begegnen mag, bedeuten.

FREUDE UND HUMOR

Man kann das oben erwähnte „Ausschalten aller nutzlosen Reaktionen, Aufstände und Emotionen" als moderne Form des Stoizismus interpretieren. Um den Gefängnisaufenthalt zu bewältigen, mag dies nicht die verkehrteste Einstellung sein. Doch man spürt einen wesentlichen Unterschied zu dieser eher asketischen, nicht selten fatalistischen Haltung: Assagiolis innere Lebendigkeit, sein Humor und seine Freude bleiben immer wahrnehmbar. In einem Rundbrief an Freunde nach Kriegsende fasste er seine weiteren Erlebnisse augenzwinkernd zusammen:

> Die Deutschen und die Faschisten haben mir die Ehre (wenn auch nicht gerade den Gefallen) erwiesen, mich persönlich aufzusuchen; deshalb war ich gezwungen, monatelang mit ihnen [...] Versteck zu spielen. Mit Gottes Hilfe und der Hilfe verschiedener guter Leute [...] kamen die Verfolger immer zu spät.[14]

Eine häufig vernachlässigtes Prinzip geistiger Gesundheit und eine Kardinaltugend der Psychosynthese sind Freude und Humor. Assagioli hat beidem viel Aufmerksamkeit gewidmet; er selbst war für seine „lächelnde Weisheit" bekannt. (Man könnte sagen, dass Freude und Humor von der Liebe und vom Willen ‚zu Welt' gebracht werden. Oder ist es umgekehrt?) Freude sei wie spiritueller Kaffee, sie belebe, heile, strahle aus, erwecke, aktiviere; sie schalte das Selbstmitleid und die Kritiksucht aus, notierte er. Und sogar: „Freude erlöst"[15] – sie schenkt nämlich nicht zuletzt eine gesunde Distanz zu sich selbst.

Gelassenheit darf eben nicht mit Gefühlskälte oder Resignation verwechselt werden und Willenskraft nicht mit Verdrängung oder Zwang. Im Gegenteil: Es geht um die achtsame und liebevolle Umwandlung von gewaltsamen Emotionen wie Angst und Wut, die für Assagioli „echte Gifte im Körper hervorrufen", in positive, lebensfördernde Kräfte[16]. Einer jener Gedankenblitze, die Assagioli auf losen Zetteln festhielt, lautet:

> Unser persönliches Leben entdramatisieren. Lernen, lächelnd zu leiden. Wenn man das macht, wird das Leiden abgemildert, der Humor nimmt dem Leiden das Herbe und das Bittere, das das Leiden verstärkt und verkompliziert. Schmiert den Mechanismus. [...] Es ist besser, zu lächeln, als feindselig zu sein. [...] Sicher kann die humorvolle Haltung kein Dauerzustand sein, jedoch eine Pause.[17]

Darum spielt der Humor in der Psychosynthese als verwandelnde Kraft eine wichtige Rolle; für Assagioli ist der wirkliche Humor wahrhaft spirituell.[18] Das freundliche Lachen über sich selbst ermöglicht eine befreiende Disidentifikation. So kann Assagioli dem Drama der Verfolgung eine nachgerade humorvolle Note abgewinnen. Auch das ist gelebte Psychosynthese![19]

LEBENDIGE SPIRITUALITÄT

Assagiolis Zeugnis ist das beste Beispiel dafür, dass die von ihm entwickelte Psychosynthese ganz auf das praktische Leben und die Bewältigung konkreter Situationen ausgerichtet ist. Sie ist wahrhaft eine Praxis der Selbstsorge, verstanden als eine Haltung, ja ein Bewusstseins- und Seinszustand. In diesem Sinne gibt es nichts, das per se negativ oder nebensächlich wäre. Alles, und gerade auch das Widrige, kann zum Anlass für inneres Wachstum werden. Die Frucht dieser Einstellung ist wahre innere Freiheit und Wesenskraft. Etwas spirituell zu akzeptieren, bedeutet für Assagioli

> kein passives über sich Ergehenlassen. Die spirituelle Annahme ist etwas Positives, Dynamisches. Es ist ein emotionales und persönliches Nicht-Reagieren, es bedeutet, keine Erfahrung zurück zu weisen, sondern das Geschenk anzunehmen.[20]

Entsprechend definiert Assagioli die „spirituelle Haltung" als eine wohlwollende Prüfung der vermeintlich feindlichen Sache, um sie dann kraftvoll anzunehmen. Man solle sich fragen, was die Botschaft ist: Welche Ursachen außerhalb und in uns selbst sind für die Lage verantwortlich? Welche Bedeutung hat die Situation? Was lässt sich darauf bauen? Was kann ich tun?[21]

Die Psychosynthese sucht danach, sich das Leben in jedem Moment optimal entfalten zu lassen. Sie bewegt sich daher nicht zwischen den Polaritäten – gut oder schlecht, willkommen oder missliebig – sondern nimmt einen übergeordneten Standpunkt ein. Dies soll aber nicht im Sinne von Gleichgültigkeit oder gar ‚Immoralismus' verstanden werden. Vielmehr ist gemeint, alles Geschehen unvoreingenommen – projektionsfrei – zu betrachten[22].

Entscheidend ist für Assagioli, dass diese Gestaltung aus der rechten Einstellung fließt. Die Spiritualität, die Assagioli lebte und lehrte, ist keine Flucht vor den Herausforderungen des Lebens und sie verharrt auch nicht schwärmerisch in vermeintlich höheren Sphären. Sie lässt sich vielmehr auf das ganze Leben ein, durchdringt, kultiviert und intensiviert es.[23] Es ist eine Spiritualität, die die horizontale (also die ‚innerweltliche', leibliche, lebenspraktische, gesellschaftliche) und die vertikale (also die seelische, geistige, transzendente) Dimension des Lebens verbindet. Zu einer solchen Spiritualität gehört auch, seine eigenen Widersprüche, Untiefen, Illusionen und Projektionen zu erkennen, anzunehmen und schließlich umzuwandeln.[24]

Die Psychosynthese hat ihren Ort darum auch nicht erst bei der Behandlung von seelischen Erkrankungen (selbst wenn sie dort ebenfalls sehr wirksam ist), sondern wendet sich ausdrücklich an den gesunden Menschen, der sein Leben bewusster leben und seine noch brachliegenden Potentiale entfalten möchte. Psychosynthese hat folglich viel mit alltäglicher Psychohygiene und seelischer Prophylaxe zu tun.[25]

Die Entwicklung der Psychosynthese

ASSAGIOLIS HERKUNFT UND WERDEGANG

Roberto Assagiolis besondere Begabung zu einer ganzheitlichen Sicht des Menschen, in der die unterschiedlichen körperlichen, geistigen und seelischen Aspekte sich zu einem harmonischen Ganzen verbinden, zeigte sich schon früh. 1888 in Venedig in eine jüdische Familie hineingeboren, genoss der hochintelligente und geistig frühreife Roberto eine umfassende humanistische und wissenschaftliche Bildung. Er erlernte im Laufe seines Lebens mehrere Sprachen. Dies erlaubte ihm, sich die Quellen der deutschen, englischen, französischen und russischen sowie der antiken und östlichen Geisteswelt zu erschließen und die Grundlage für sein späteres immenses Wissen zu legen, das in seinen Vorträgen, Büchern und Schriften so beredten Ausdruck fand.

Nach seinem Abitur begann er ab 1904 in Florenz zunächst mit dem Studium der Medizin, wandte sich nach kurzer Zeit aber der Psychiatrie zu. Sein Interesse an der Psychologie, die damals noch kein eigenständiges Studienfach war, befriedigte er 1906 auf einer Reise nach Wien durch Kontakte zum Umfeld Sigmund Freuds, den er zwar nie persönlich traf, mit dem er aber korrespondierte. Von Freud empfing er wichtige Impulse. Er erkannte freilich auch, dass die klassische Psychoanalyse nicht wirklich vollständig war. Letztere orientierte sich vor allem an den unteren Bereichen des menschlichen Bewusstseins (wie der biologischen Triebstruktur, den affektiven Impulsen und vitalen Bedürfnissen) und schloss alle höheren seelischen bzw. spirituellen Bewusstseinsbereiche aus (diese dürfen nicht mit Freuds ,Über-Ich' verwechselt werden).

Assagioli kritisierte weiter, dass in der Psychoanalyse vor allem die pathologischen Phänomene im Vordergrund ständen, dass die Religion lediglich als neurotische Störung wahrgenommen würde und dass alle höheren Werte und Leistungen nur als Sublimation oder Transformation der tieferen Impulse erschienen. Demgegenüber erführen die starken und gesunden Persönlichkeitsanteile wie Liebe, Willenskraft, Weisheit und Kreativität ebenso wie sogenannte „Gipfelerlebnisse" (z. B. Selbstverwirklichung, Erfüllung, Vollendung, Erleuchtung, Friede oder Freude) zu wenig Berücksichtigung.[26]

Die Erforschung und Therapie des unteren Unbewussten oder die Therapie kindlicher Traumata zur Heranbildung einer gesunden und starken Persönlichkeit konnte für Assagioli nur eine erste Stufe sein. Gegen die damals in großen Teilen der Wissenschaft vorherrschende äußerliche und mechanistische Betrachtungsweise des Menschen (z. B. im Behaviorismus) oder dessen Interpretation als ein intelligentes Tier setzte Assagioli ein sehr viel weiteres Bewusstseins-Modell, das auch die geistige Dimension des Menschen erfasste. Mit seinem Artikel ›Gli effete del riso el le loro applicazioni pedagoiche‹ (1906), der sich mit der heilsamen und lebensförderlichen Wirkung von Lachen, Freude und Humor sowie ihrer spirituellen Dimension beschäftigt (er wurde später in der englischen Fassung und dem Titel ›Smiling Wisdom‹ – ›Lächelnde Weisheit‹ – bekannt), reagierte Assagioli nicht zuletzt auf Freuds berühmte Abhandlung über den Witz (›Der Witz und seine Beziehung zum Unbewussten‹ (1905)). Man erkennt in der Herangehensweise der beiden Autoren deutlich die grundsätzlich andere Perspektive auf das gleiche Phänomen.

Wesentliche Anregungen für ein erweitertes Modell der menschlichen Psyche kamen durch den Begründer der Analytischen Psychologie, Carl Gustav Jung, und dessen Erforschung der symbolischen Ausdrucksformen bzw. der Archetypen in der menschlichen Psyche. Einig waren sich Jung und Assagioli auch in der positiven Bewertung religiöser Erfahrungen. 1907 begegnete Assagioli Jung in der Zürcher psychiatrischen Universitätsklinik in Burghölzi, der Beginn einer lebenslangen persönlichen und fachlichen Freundschaft. In Burghölzi fiel auch Assagiolis Entscheidung, die Psychoanalyse zum Gegenstand seiner Dissertation zu machen, die er 1910 in Florenz abschloss.

Nach seiner Promotion arbeitete Assagioli zunächst wieder in Burghölzi als Assistent von Eugen Bleuler, der eine erste medizinische Beschreibung der Schizophrenie vorgelegt hatte und sich auch mit der Psychoanalyse beschäftigte. Danach kehrte Assagioli nach Italien zurück, wo er als einer der ersten Psychoanalytiker praktizierte. Unzufrieden mit den Möglichkeiten und Ergebnissen der konventionellen Psychoanalyse entwickelte er schließlich jene therapeutischen Ansätze und Methoden, die er zunächst Bio-Psychosynthese und später Psychosynthese nannte. Diese geht unter anderem davon aus, dass zu jeder Emotion ein gegenteiliger Impuls existiert und dass erst die gelungene Synthese dieser beiden Antagonisten durch ein bewusst steuerndes Ich zu einer ausgeglichenen psychischen Verfassung führt. Die Entwicklung einer stabilen Ich-Struktur ist zudem die notwendige Voraussetzung dafür, dass sich die Person der Führung durch ein Höheres Selbst – eine transzendente bzw. transpersonale Instanz, die sich im Ich spiegelt – überlassen kann. Durch diese Verbindung erschließt sich der Mensch ganz neue Wachstums- und Entwicklungsmöglichkeiten, die in einer Art Evolution des Bewusstseins zur wahren Selbst-Verwirklichung führen.

EIN GANZHEITLICHES MODELL DER MENSCHLICHEN PSYCHE

Assagioli hat seine Einsichten in einem Modell, einer ganzheitlichen Sicht der menschlichen Psyche, zusammengefasst, das er erstmals 1933 in dem Artikel ›Dynamic Psychology and Psychosynthesis‹ publizierte. Später wurde daraus das erste Kapitel seines 1965 veröffentlichten Grundlagenwerkes ›Psychosynthesis – A Manual of Principles and Techniques‹. Das Modell ist eine Art mehrdimensionale Landkarte des menschlichen Bewusstseins in der Gestalt eines Vogel-Eis, das gleichsam als durchlässige Struktur im Total des kollektiven Unbewussten ‚schwebt‘.

Dieses Modell wird im nächsten Kapitel noch ausführlich dargestellt und in einer zeitgenössischen Form der Psychosynthese, der Systematisch-Integrativen Psychosynthese (SIPS) für die therapeutische Praxis erschlossen. An dieser Stelle sei lediglich angemerkt, dass Assagioli eine Alternative zum Freudschen Modell bietet. Während dieses im Wesentlichen den immanenten Bereich des tieferen und mittleren Unbewussten erfasst, kennt Assagiolis Entwurf auch einen oberen, ins Transzendente weisenden Bereich, den er das höhere Unbewusste oder Überbewusste nannte. Dieses gipfelt seinerseits in einem höheren, transpersonalen Selbst, durch das das bewusste Ich oder persönliche Selbst ständig inspirierende Impulse erhält, sei es in Form von schöpferischen Eingebungen, von Intuition, ethischen Prinzipien oder auch künstlerischen Visionen.[27]

Mit dem höheren Selbst kommt eine faszinierende metaphysische bzw. transzendente Größe ins Spiel. Dazu Assagioli:

> Wir schenken dem Überbewussten und der Entwicklung des transpersonalen Selbst sehr viel mehr Aufmerksamkeit [als die Psychoanalyse]. In einem seiner Briefe sagte Freud: ‚Ich bin nur am Keller des menschlichen Wesens interessiert.‘ Die Psychosynthese ist am gesamten Gebäude interessiert. Wir versuchen einen Aufzug zu bauen, der den Zugang für jede Ebene unserer Persönlichkeit ermöglichen soll. Ein Gebäude, das nur aus einem Keller besteht, ist ja auch sehr beschränkt. Wir möchten eine Terrasse schaffen, wo man sich sonnen oder die Sterne betrachten kann. Das heißt, dass die Psychosynthese holistisch, global und umfassend ist. Sie ist nicht gegen die Psychoanalyse und auch nicht gegen den Behaviorismus, aber sie vertritt den Grundsatz, dass das Bedürfnis nach Sinn, nach höheren Werten und nach einem spirituellen Leben ebenso real ist, wie die biologischen oder sozialen Bedürfnisse.[28]

Voraussetzung für eine gelungene ganzheitliche ‚Selbstaktualisierung‘ ist, dass das persönliche Selbst sich überhaupt selbst erkennt. Dazu muss es lernen, sich von unbewussten Impulsen, die es überlagern, frei zu machen. Die störenden Einflüsse werden als unterstützende Kräfte harmonisch in die Persönlichkeit reintegriert. Erst dann kann die Person der Motivation und Inspiration durch das höhere Selbst überlassen. Sie verbindet sich mit einer „universalen, transzendenten Wirklichkeit“, statt egozentrisch um sich selbst zu kreisen.[29]

KONSEQUENZEN FÜR DIE THERAPEUTISCHE ARBEIT

Um diesen ganzheitlichen Prozess der Selbsterkenntnis und Selbstsorge erfolgreich anzuregen und die verschiedenen widersprüchlichen seelischen Impulse zu einer höheren Einheit zusammenzuführen, werden ganz unterschiedliche Techniken, Übungen und Methoden benötigt. Ihr erfolgreicher Einsatz steht und fällt mit der Kompetenz und dem Ethos des Therapeuten. Folgende Kriterien für eine erfolgreiche therapeutische Arbeit lassen sich bei Assagioli erkennen. **Der Therapeut ...**

... verfügt über eine gute Verbindung von Sachkenntnis und Selbsterfahrung: Idealerweise besitzt der Therapeut eine doppelte Kompetenz. Er ist zum einen ein gut ausgebildeter Psychotherapeut, der sich mit allen Etagen und Einrichtungen des seelischen Haushalts auskennt, und zum anderen erfahren auf der Reise zur personalen und transpersonalen Selbstverwirklichung.[30]

... macht eine fundierte Anamnese: Eine verantwortungsvolle psychosynthetische Arbeit setzt beim Therapierenden fundamentale Einsichten in die menschliche Psyche und ihre Arbeitsweise voraus. So waren die Kenntnis der jüngsten medizinischen, psychiatrischen bzw. neurologischen Forschungen und eine darauf basierende Anamnese des Patienten für Assagioli eine wichtige Grundlage für professionelles Arbeiten. So müsse sich der Therapeut der Gefahren und Schwierigkeiten, z. B. in Form von Retraumatisierungen oder Dissoziationen, stets bewusst sein. Schnell agiere dieser sonst gleichsam in der Rolle des ‚Zauberlehrlings‘ und es bestehe immer das Risiko, dass die im Unbewussten eingeschlossenen Impulse und Gefühle bei ihrer Freisetzung das Ich überschwemmen[31].

... arbeitet behutsam und ressourcenorientiert: Darum plädierte Assagioli für eine organische „Analyse der kleinen Schritte" in einem ressourcenorientierten Prozess. Die Heilung geschieht bei ihm wesentlich über die Stärkung und Entwicklung der gesunden Anteile. Entsprechend beginnt die Therapie mit der Erforschung und Stärkung der bewussten Persönlichkeit und mit der Installation einer positiven Beziehung zwischen Therapeut und Patient. Erst danach könne man sich der Erforschung des Unbewussten sozusagen in Raten widmen. Die angewandten Techniken dienen dazu, sich zwischen dem Bewusstsein und den unbewussten Anteilen hin- und her zu bewegen. Was an Energie vom Unbewussten ins Bewusstsein strömt, wird sogleich bearbeitet, umgewandelt oder in verschiedene Ausdrucksformen überführt.[32] Eine „gründliche, vollständige, erschöpfende Erforschung des Unbewussten" hielt Assagioli allerdings nicht für erforderlich, solange der Rest an nicht analysiertem unbewussten Material das Leben des Patienten nicht stört oder einschränkt. [33]

… fördert mit einer transparenten, strukturierten Methodik die Selbstkompetenz des Patienten: Damit die Psychosynthese für den Patienten oder Klienten eine wirkliche Hilfe zur Selbsthilfe wird, bedarf sie in der therapeutischen Anwendung folglich einer gewissen Methodik:

> Ein besonderes Merkmal der psychosynthetischen Behandlung ist die systematische Verwendung aller verfügbaren aktiven psychologischen Techniken. Mit ‚systematisch' ist dabei gemeint, dass diese Techniken nach einem bestimmten Behandlungsplan eingesetzt werden und auf klar erkannte Ziele gerichtet sind. Es handelt sich also nicht um einen bloßen Eklektizismus, wie es bei oberflächlichem Hinsehen scheinen mag.[34]

Der Behandlungsplan soll zudem dem Patienten im erforderlichen Maß einsichtig gemacht werden, so dass er zugleich informiert ist und im Sinne einer ‚Hilfe zur Selbsthilfe' ermutigt wird.[35] Er ist aufgefordert, unter Mitwirkung des Therapeuten ein ‚Idealbild' von sich zu entwerfen, das er dann mit Hilfe der Psychosynthese zu verwirklichen sucht. Dieses Idealbild ist gleichsam die Zielprojektion, auf die der gesamte Prozess ausgerichtet ist. An der Erreichung dieses Ziels orientiert sich der Einsatz der verschiedenen Methoden.[36] Mit ihrer Hilfe übt sich der Patient zunächst in der Kunst der Selbstbeobachtung. Drüber gewinnt er die Erkenntnis, dass sein bewusstes Ich (der Beobachter) und seine Persönlichkeit (in Form von Empfindungen, Gedanken, Impulsen, Gefühlen) nicht einfach identisch sind.

In dieser Phase haben auch die Untersuchung der Biographie und der Familienkonstellation sowie die Selbstreflexion, z. B. in Form eines Tagebuches, ihren Platz. Das Ziel ist, verschiedene Persönlichkeitszüge, bestehende Komplexe, Polaritäten, Ambivalenzen, frühkindliche Prägungen und Konflikte zu erkennen, die dann u. a. in Form verschiedener Selbste oder Teilpersönlichkeiten manifestiert und bearbeitet werden können.[37] Ein erklärtes Ziel dieses Vorgehens ist es, dem Patienten die eigene psychische Struktur transparent werden zu lassen, so dass er den therapeutischen Prozess mit wachsendem Verständnis gerade für seine Ich-stärkenden Anteile mit vollzieht und schließlich selbstständig weiterführen kann. Dabei spielt die Schulung des Willens eine besondere Rolle, da er als ordnende und fokussierende Kraft des persönlichen Selbst fungiert. Darum ist es für Assagioli wesentlich, sich der willentlichen Prozesse – Überlegung, Motivation, Entscheidung, Bestätigung, Beharrlichkeit und Ausführung – bewusst zu werden und den Umgang damit zu trainieren.[38]

… schafft einen Raum, in dem sich das Bewusstsein des Patienten ganz individuell und nach seinen Möglichkeiten entwickeln kann: In der eigentlichen psychosynthetischen Arbeit kommen dann je nach Bedarf ganz verschiedene Instrumente zum Einsatz, denen jedoch immer gemeinsam ist, dass die Seele dabei unmittelbar ins Erleben gebracht wird. Die Methoden, Übungen und Techniken sind daher kein Selbstzweck. Sie eröffnen einen Raum für die Entwicklung des Bewusstseins mit dem Ziel, das innere und äußere Leben sich noch lebendiger entfalten zu lassen.[39] Zu den Instrumenten gehören vor allem Visualisierungen in Form von Fantasiereisen oder freiem Zeichnen, Assoziationsübungen, Willensschulung, Intuitions-, Meditations- und Entspannungstechniken oder auch ein Tagesrückblick, um Träume und psychische Prozesse festzuhalten.

Wichtig ist es, den Einsatz dieser Instrumente gleichsam für jeden Patienten maßzuschneidern.[40] Eine Übung, die sich bei einem Patienten als hilfreich erweist, kann bei einem anderen Patienten aufgrund ganz anderer Voraussetzungen und Bedürfnisse kontraproduktiv, ja sogar gefährlich sein. Exemplarisch warnt Assagioli vor einem nur oberflächlichen Einsatz von Techniken, z. B. der Übung zur Erlangung von Gelassenheit:

> Wird die Übung als psychologischer ‚Tranquilizer' eingesetzt, kann ein falsches Gefühl von Wohlbefinden und Si-

cherheit hervorgerufen und so die Illusion einer Heilung geweckt werden, die nur oberflächlich und unzuverlässig wäre, da die eigentlichen Probleme nach wie vor ungelöst sind.[41]

Der Raum des personalen Selbst muss sorgfältig vorbereitet werden, damit das höhere, transpersonale Selbst sich darin ‚spiegeln' bzw. fruchtbar ausdrücken und verwirklichen kann. Ist das personale Selbst vom Patienten noch nicht entdeckt und kultiviert worden, d. h.: Ist das Ich von unbewussten Persönlichkeitsanteilen stark überlagert oder damit identifiziert, kann es zu einer Überforderung kommen.

Eine Psychosynthese, die auf der personalen Ebene verbleibt, also lediglich das Ich stärkt und nicht zu einer spirituellen, transpersonalen Psychosynthese weiterschreitet, ist freilich auch eine befriedigende Option. Für viele Patienten sei die personale Psychosynthese alles, was man erwarten könne.[42] Und das Ei-Modell ist für Assagioli im therapeutischen Prozess zunächst einmal eine gemeinsame Arbeitshypothese, die sicher stellt, dass sich Therapeut und Patient überhaupt verständigen können. Dem Patienten soll das Modell zu Kenntnis gebracht werden, aber Assagioli warnt in diesem Zusammenhang vor einer Indoktrination und betont die Wichtigkeit der eigenen, persönlichen Erfahrung des (höheren) Selbst.[43]

… ist sich der möglichen Gefahren und Krisen auf dem Weg bewusst: Assagioli war sich der Gefahr von ‚spirituellen Pathologien' wohl bewusst und erkannte die Notwendigkeit einer Unterscheidung der Geister:

> Die Unfähigkeit der Psyche, diese Erleuchtung zu ertragen, oder die Neigung zu Egoismus und Eitelkeit können dazu führen, dass diese Erfahrung falsch interpretiert wird, und das Ergebnis ist sozusagen eine ‚Verwechslung der Ebenen'. Die Unterscheidung zwischen absoluten und relativen Wahrheiten, zwischen höherem Selbst und ‚Ich' wird verwischt, und die einfliessenden spirituellen Energien können die unglückliche Wirkung haben, die niedere Persönlichkeit oder das ‚Ich' zu nähren und aufzublähen.[44]

Spirituelle Erfahrungen grundsätzlich als krankhafte Zustände zu bewerten, lehnte Assagioli strikt ab. Statt dessen plädierte er für eine differenzierte Sichtweise, die zwischen der unter Umständen überwältigenden mystischen Erfahrung und den möglichen Begleitsymptomen wie nervösen Störungen und psychosomatischen Komplikationen unterscheidet. Letztere sind vor allem ein Ausdruck für die Unverhältnismäßigkeit zwischen dem machtvoll eindringenden neuen Bewusstsein und der physischen und psychischen Begrenztheit der Person, die ihr Gleichgewicht erst wiederfinden muss.[45]

Was die spirituelle Erfahrung und das mystische Erleben angeht, ist Assagioli Realist. Er spricht nicht nur von den erhebenden Momenten wie Friede, Freude, Erleuchtung und Dankbarkeit, sondern weiß sehr wohl um die Krisen, die dem Erwachen des Selbst vorausgehen, wie um die meist langwierigen Integrations- und Läuterungsprozesse, die dem Offenbarwerden des höheren Selbst folgen. Dazu gehören auch Momente von Unruhe, Lebensüberdruss, massive Zweifel, Selbstkritik, depressive Verstimmungen und das, was man in der mystischen Tradition als ,dunkle Nacht der Seele' bezeichnet. Assagioli weist darauf hin, dass in solchen sensiblen Momenten, bei denen mitunter Höhenflüge und der Abstieg in die eigenen (Un)Tiefen dramatisch aufeinander folgen, ein erfahrener und weiser Therapeut eine sehr große Hilfe sein kann. Bestimmte Erfahrungen sind unersetzlich und auch unumgehbar; ihre manchmal vom Klienten massiv empfundenen positiven oder krisenhaften Auswirkungen können aber durch eine umsichtige Begleitung und sachliche Information über die ,Normalität' des Prozesses reguliert werden.[46]

… bleibt nicht wertneutral, sondern unterstützt den Patienten durch seine Kongruenz: Unverzichtbar ist für Assagioli ein Prozess der ganzheitlichen Läuterung: Der Patient wird sich nicht nur seiner egoistischen Anlagen, seiner moralischen Trägheit oder der Macht seiner unbewussten Anhaftungen und Imaginationen bewusst, sondern er erkennt insgesamt die Bedeutung einer gesunden geistigen und leiblichen Lebensführung.[47]

Dass der Therapeut nicht gänzlich neutral verbleibt, sondern im Hinblick auf das Verhalten oder Denken seines Patienten auch zu eigenen Wertungen kommt und diese offenlegt, um dem Patienten gegebenenfalls zu einer reiferen Einstellung zu verhelfen, ist für Assagioli unvermeidlich und auch notwendig. Allerdings kann es dabei nicht um die Verkündigung absoluter Normen, sondern nur um die Einbringung empirisch gewonnener relativer Werte gehen, die „auf lebendigen Kriterien beruhen". Die Existenz hoher ethischer und geistiger Prinzipien wird damit nicht bestritten; für Assagioli haben diese jedoch ihre Bedeutung immer nur in Bezug auf das jeweilige Individuum, sein Alter und seine Entwicklungsstufe im therapeutischen Prozess.[48]

… bringt sein therapeutisches Charisma und Fachwissen selbstlos ein: Überblickt man die Zeugnisse jener Menschen, die Roberto Assagioli persönlich gekannt haben, dann stimmen sie darin überein, dass der Begründer der Psychosynthese selbst das beste Beispiel für seine Lehre gewesen ist: Neben seiner Sachkompetenz waren seine reife spirituelle Persönlichkeit und sein therapeutisches Charisma für die Patienten eine wesentliche Hilfe, die eigenen Potentiale und ihre Bestimmung zu entdecken und ihre seelischen Selbstheilungskräfte zu aktivieren. Auffallend häufig sprechen sie von seiner Freundlichkeit und seiner Bescheidenheit, seiner Heiterkeit und seinem Humor, aber auch von seiner Güte, mit der er ihnen begegnete. Assagiolis Selbst-Bewusstsein war offenkundig ebenso ansteckend wie seine bereits erwähnte „lächelnde Weisheit". Mit beidem vermochte er selbst bei sehr verschlossenen Patienten eine Öffnung und innere Bewegung zu bewirken. Die Attitüde eines Gurus lag Assagioli dabei fern.

Die Kooperation zwischen Therapeut und Klient war für ihn wesentlich für eine erfolgreiche Arbeit, in deren Fortgang der Therapeut zunächst aktiver und dann mehr wie ein Katalysator wirken sollte, bevor am Ende das Selbst des Klienten die Führung übernimmt.[49] Stellvertretend für viele sei das Zeugnis des Schweizer Psychologen und Anthropologen Peter De Coppens zitiert, mit dem Roberto Assagioli zu Beginn der 1970er Jahre psychosynthetisch gearbeitet hat:

> Er hat mir einen Teil von mir selbst enthüllt, nach dem ich strebte, der mir aber bislang unbekannt war. Und dann hat er mir eine große Lust übertragen, etwas zu tun, zu leben, zu

experimentieren, Abenteuer zu haben, das Leben voll zu leben. Das Wichtigste, das er weitergeben konnte, war vielleicht die Begeisterung. In einem plötzlichen Einstimmungsprozess war er imstande, dein Selbst zu erwecken, das Überbewusste, um eine Vorschau und einen Vorgeschmack auf das zu geben, was du werden könntest. Er weckte auch deinen Schwung und die Lebenskraft, um darauf zu zu streben.[50]

„DIE GRENZE DER PSYCHOSYNTHESE IST DIE TATSACHE, DASS SIE KEINE GRENZE HAT"

Assagiolis Interessen reichten über die klinische Psychologie und Psychiatrie weit hinaus. Neben der wissenschaftlichen Forschung stand ein ausgeprägtes Interesse für kulturelle Themen wie Kunst, Literatur und Musik. Früh schon erkannte er die Möglichkeiten einer musiktherapeutischen Arbeit, auch die Bedeutung der Tanz- bzw. Bewegungstherapie, der Farbtherapie und wesentliche Einsichten in psychosomatische Zusammenhänge wurden von ihm formuliert[51]. Von daher ist der ursprüngliche Begriff „Bio-Psychosynthese" zu verstehen: Leib, Geist und Seele des Menschen werden von ihr gleichermaßen angesprochen.

Ein weiterer Schwerpunkt von Assagiolis Forschung bildeten Studien der Religionen und metaphysischen Traditionen v. a. der jüdischen Kabbalistik und der abendländisch-christlichen Spiritualität (Meister Eckhart, Thomas von Kempen, Johannes vom Kreuz, Franz von Assisi, Theresa von Avila), des Neo-Platonismus sowie der östlichen Spiritualität (v. a. des Hinduismus, des Yoga und des Buddhismus). Weiter beschäftigte er sich eingehend mit den damals in Blüte stehenden esoterischen Strömungen wie der Theosophie, mit deren Vertreterin Alice Bailey Assagioli in intensivem persönlichen Austausch stand und in deren Arkanschule er seit den 1930er Jahren Mitglied war. Auch die Astrologie oder parapsychologische Experimente gehörten zu seinen Interessengebieten.

Assagioli unterschied diese Bereiche sorgfältig von seiner sonstigen wissenschaftlichen und therapeutischen Arbeit und war sich möglicher Gefahren wie Aberglaube, Fanatismus oder Betrug wohl bewusst. Er vermied es darum, seine Zugehörigkeit zu esoterischen Kreisen oder seine persönlichen religiösen Überzeugungen wie den Reinkarnationsglauben öffentlich zum Thema zu machen oder gar seinen Patienten aufzudrängen. In seinem Handbuch der Psychosynthese geht er ausdrücklich darauf ein, wie z. B. agnostisch eingestellten Patienten die Idee eines höheren Selbst für diese nachvollziehbar vermittelt werden könne.[52] Die Existenz eines höheren Selbst wurde von Assagioli zwar durch zahllose Quellen und Zeugnisse aus unterschiedlichen Zeiten und Kulturen dokumentiert und untersucht[53], darüber hinaus aber mit der gebührenden Diskretion und wissenschaftlichen Neutralität behandelt, auch wenn er selbst tiefgreifende persönliche Erfahrungen damit gemacht hat. Das spirituelle Erwachen und die damit verbundenen psychologischen Stadien und Prozesse hat er systematisch und nachvollziehbar dargestellt.[54] Wichtig war ihm dabei, das Verhältnis zu den bestehenden Religionen und auch zur Philosophie zu klären:

> An diesem Punkt mag die Frage nach der Beziehung zwischen diesem Konzept des menschlichen Wesens und Religion und Metaphysik auftauchen. Die Antwort ist, dass Psychosynthese nicht im geringsten versucht, sich das Gebiet von Religion oder Philosophie anzueignen. Sie stellt ein wissenschaftliches Konzept dar und ist als solches neutral gegenüber den verschiedenen religiösen Richtungen und philosophischen Lehren, ausgenommen jene, die materialistisch sind und deshalb die Existenz geistiger (spiritueller) Realität verneinen. Psychosynthese hat nicht zum Ziel und versucht auch nicht, eine metaphysische oder theologische Erklärung des großen Mysteriums des Lebens zu geben – sie führt zur Tür, hält aber dort inne.[55]

Die Neutralität der Psychosynthese dürfe man aber, so Assagioli, nicht mit Indifferenz verwechseln. Die Neutralität gilt der Ebene der Formulierungen und Institutionen, d. h. der äußeren Gestalt der Religionen oder Philosophien. Diese seien notwendig und die Psychosynthese begegne ihnen mit Wertschätzung und Respekt. Mehr noch aber gehe es ihr darum, „den Zugang zu direkten Erfahrungen zu eröffnen".[56]

Im Rahmen seiner Erforschung des menschlichen Bewusstseins empfahl er darum, sich auch den vermeintlich unwissenschaftlichen Randerscheinungen zuzuwenden und diese wissenschaftlich zu untersuchen. Stichwortartig hielt er dazu fest:

> Große Erweiterung unserer Kenntnisse über die Weite und Fähigkeit der menschlichen Seele, ein sehr wirksamer Beitrag, vielleicht der mächtigste, um den Materialismus zu bezwingen, Trost und Wiedererwachen des Glaubens für viele tausende Personen.[57]

Aufgrund der grundsätzlichen Offenheit der psychosynthetischen Methode empfing er aus der Beschäftigung mit esoterischen Themen und der spirituellen Praxis anderer Kulturen vielfältige Anregungen, die er sensibel in das psychosynthetische Modell integrierte und dadurch vermittelte, ohne die Bereiche unterschiedslos zu vermischen. So pflegte Assagioli die tägliche Meditation und machte diese auch für die Psychosynthese fruchtbar, indem er klassische Symbole der östlichen Meditation wie die Lotosblüte durch westliche Elemente ersetzte, z. B. die Rose[58].

Ein weiteres sprechendes Beispiel für die Fähigkeit der Psychosynthese, Schätze verschiedener Kulturen und Religionen zusammenzuführen, ist Assagiolis Integration jüdischen Denkens und jüdischer Spiritualität. In dem unveröffentlichten Artikel ›Shalom‹, den Paola Giovetti in ihrer Assagioli-Biographie in Auszügen zugänglich gemacht hat, wird erkennbar, wie Assagioli die vielfältigen Bedeutungen, die in diesem Kernbegriff jüdischer Religion und jüdischen Lebens liegen, im Licht der Psychosynthese erschließt. Er füllt und ‚überschreibt' den Begriff shalom nicht etwa psychosynthetisch, sondern enthüllt die darin bereits angelegte Fülle an psychosynthetischen Qualitäten. So verweist Assagioli auf die ganzheitliche Dimension des Friedens, die das körperliche und spirituelle Wohlbefinden des Einzelnen wie der Gemeinschaft gleichermaßen bezeichnet. Der Shalom-Friede habe darum mindestens vier Dimensionen: eine individuelle bzw. persönliche, eine gemeinschaftliche, eine nationale und eine religiöse. Man erkennt unschwer den Prozess, der von der personalen Psychosynthese über die interpersonale zur transpersonalen Psychosynthese führt: Shalom sei zu verwirklichen als interner Shalom in uns selbst, dann, ausgehend von der Familie bis hin zu den Grenzen der Nation und weiter international zwischen den Völkern, als Shalom zwischen den Individuen. Dieser verwirkliche sich schließlich auch interregliös, denn es sei das Wesen der Religion, Beziehungen zwischen Menschen und zwischen Mensch und Gott zu stiften (und nicht etwa Intoleranz und Fanatismus).[59]

Aus diesem Beispiel kann man ersehen, dass die Psychosynthese Assgiolis bei jedem Einzelnen ansetzt, aber nicht im Privaten stehen bleibt, sondern darüber hinaus ins Soziale strahlt. Sie verändert den, der sie praktiziert und dadurch auch dessen Umwelt. Sie ist beziehungsfördernd und wird darum interpersonal wirksam.[60]

„Die Psychologie der Zukunft"

Roberto Assagioli hat kein starres, kulturell oder konfessionell gebundenes System hinterlassen, sondern eine lebendige, transformationsfähige Struktur mit universellen Prinzipien. In einem Interview kurz vor seinem Tod äußerte er, dass die „Grenze der Psychosynthese die Tatsache ist, dass sie keine Grenze hat"[61]. Für ihn war die Psychosynthese kein geschlossenes, doktrinäres Lehrgebäude, sondern ein Organismus, der der ständigen Reflexion, Aktualisierung und Pflege bedurfte. Die potentielle Grenzenlosigkeit der Psychosynthese sollte freilich nicht mit Beliebigkeit verwechselt werden; ihre Offenheit ist eine Chance, die sich nur erfüllt, wenn sie mit Sachkenntnis und Unterscheidungsvermögen kultiviert wird. Intuition und Anbindung an das höhere Selbst müssen sich mit Fachwissen und Überlegung verbinden. Dafür ist Assagiolis Vorgehen bei der Behandlung seiner Patienten selbst das beste Beispiel.

Die Entwicklung der Psychosynthese wurde zwar durch den Krieg unterbrochen, doch bereits 1944 wieder aufgenommen. Seit Kriegsende befand sich das Institut in Florenz. Zu der praktischen Arbeit mit einzelnen Patienten kam eine rege Vortrags- und Reisetätigkeit, die Assagioli vor allem durch Süd- und Mitteleuropa, England und Amerika führten. Daraus gingen an verschiedenen Orten unabhängige Psychosynthese-Institute hervor, die die Arbeit ihres Begründers fortführten und weiterentwickelten. Ab den 1960er Jahren mehrte sich die Zahl von persönlichen Schülern, die Assagiolis Psychosynthese aufgriffen und mit neuen Aspekten bereicherten.

Roberto Assagioli starb 1974. Er hat zeitlebens sehr viel in unterschiedlichen Sprachen geschrieben und publiziert. Die Wahl der Themen spiegelt seine universelle Bildung und die Weite seiner Interessen. Das meiste von ihm ist in Form von kurzen Abhandlungen und längeren Aufsätzen an unterschiedlichen Orten erschienen. Manches davon wurde später zusammengefasst in Buchform publiziert (einiges davon posthum). Selbst ein grundlegendes Werk wie das bereits erwähnte Handbuch (›Psychosynthesis – A Manual of Principles and Techniques‹, 1965) ist eine Sammlung von Aufsätzen Assagiolis, die von ihm um einen umfassenden anamnestischen und methodischen Teil ergänzt wurden (dt. mehrfach publiziert, zuletzt 2004 in neuer Übersetzung als ›Das Handbuch der Psychosynthese‹). Nach seinem Tod erschien das unvollendete ›Psychosynthese und transpersonale Entwicklung‹, das dem höheren Selbst gewidmet ist. Einzig ›Die Schulung des Willens‹ wurde von Anfang an im Ganzen als eigenständiges Buch konzipiert; es entstand während der letzten Lebensjahre und erschien noch kurz vor dem Tod seines Autors. Dazu kommen mehrere Sammlungen von Aufsätzen zu bestimmten Themen, die in den vergangenen Jahrzehnten vom Florentiner Institut für Psychosynthese herausgegeben wurden. Im deutschsprachigen Raum erschienen Übersetzungen einzelner Beiträge vor allem in der Zeitschrift für Psychosynthese. Im Archiv des Florentiner Instituts befinden sich zudem noch zahllose Zettel, auf denen Assagioli spontane Eingebungen und Ideen zu den unterschiedlichsten Themen festhielt. Eine systematische Publikation und Auswertung dieser Notate steht noch aus.

Für die ganzheitliche Humanistische Psychologie hat die Psychosynthese ebenso die Grundlagen bereitet wie für die Transpersonale Psychologie. Denn wie die Psychosynthese setzt auch die Humanistische Psychologie auf die dem Menschen ureigenen Wachstumskräfte, insbesondere seine Fähigkeit zu echter Freude und (Selbst)Liebe, den Wunsch nach authentischer Selbstverwirklichung und auf die

Ausschöpfung all seiner kreativen Potentiale, um eine reiche ganzheitliche und soziale Persönlichkeit heranreifen zu lassen. Die Transpersonale Psychologie weitet diesen Blick noch einmal ins Überpersönliche und Transhumane und konnte dafür auf Assagiolis Einsichten in die Struktur und Funktionsweise des höheren, transpersonalen Selbst zurückgreifen.[62]

So ist die Psychosynthese als eigene psychotherapeutische Richtung inzwischen gut etabliert. In Deutschland fasste sie seit den 1990er Jahren Fuß, wobei Lehrer wie David Bach (›Berkshire Center of Psychosynthesis‹) vor allem aus den USA kamen.[63] Eine Auflistung von Instituten im deutschsprachigen Raum finden sie am Ende dieses Buches.

Assagiolis Schüler Piero Ferrucci hat jüngst noch einmal dargelegt, wie die neuere neurowissenschaftliche Forschung die Theorien Assagiolis und die Wirksamkeit seiner imaginationsbasierten Methoden bestätigt.[64] Assagiolis Nichte und Mitbegründerin des Instituts für Psychosynthese, Donatella Ciapetti Assagioli, nannte die Psychosynthese ganz zur Recht „die Psychologie der Zukunft"[65]. Wie eine zeitgenössische Form der Psychosynthese und methodisch fundierten psychosynthetischen Arbeit heute aussehen kann, zeigt Ursel Neef in ihrem Beitrag über die Systematisch-Integrative Psychosynthese (s. S. 55ff).

Anmerkungen

[1] Diese und die folgenden Zitate stammen aus Assagiolis unvollendetem und bislang nur in Teilen veröffentlichten Bericht Freiheit im Gefängnis, dt. Üb. zitiert nach Giovetti 2007, S. 77. Teilveröffentlichung in: Freiheit im Gefängnis. Aufzeichnungen von Roberto Assagioli, bearb. v. Richard Schaub und Bonney Guliano Schaub, in: Zeitschrift Psychosynthese News, Nr. 6 (1997), S. 15-17.

[2] Giovetti 2007, S. 77f.

[3] Ebd., S. 79.

[4] Assagioli 2004, S. 145.

[5] Vgl. ebd., S. 151f. Es handelt sich bei dieser Formulierung in erster Linie um ein therapeutisches Instrument, nicht um ein dualistisches Prinzip.

[6] Vgl. dazu Assagiolis Darlegungen zu den Hindernissen der spirituellen Entwicklung, z. B. der Angst vor dem Leiden oder seine Gedanken über den Schmerz in Assagioli 2008, S. 176-185.

[7] Assagioli spricht vom „liebenden Willen", Assagioli 2004, S. 177.

[8] Giovetti 2007, S. 78.

[9] Vgl. Assagioli 1982, S. 27-39.

[10] Ebd., S. 18.

[11] Ebd., S. 18-20.

[12] Diese Sentenz findet sich in dem Buch ›Dal dolore alla gioia‹ (Vom Schmerz zur Freude) von Ilario Assagioli, Roberto Assagiolis Sohn. Es handelt sich um eine Sammlung von Trostworten, die Ilario während der langen Jahre, an der er an einer tödlichen Lungentuberkulose litt, zusammengetragen hat und die schließlich 1972 veröffentlicht wurden; Giovetti 2007, S. 175.

[13] Nach einem Bericht von Luisa Lunelli, der Assagioli nach seinem Gefängnisaufenthalt über seine Erlebnisse erzählt hat; ebd., S. 75.

[14] Ebd., S. 81. Ein Exemplar des Briefes wird in den wissenschaftlichen Sammlungen der ETH-Bibliothek in Zürich aufbewahrt.

[15] Auf einem seiner zahllosen Zettel, die sich heute im Archiv des Florentiner Instituts befinden; zit. nach ebd., S. 164.

[16] Ebd., S, 78.

[17] Aus dem Archiv des Florentiner Instituts; zit. nach ebd. S. 165.

[18] Vgl. Giovetti 2007, S. 165.

[19] Dazu: Georg Henkel, Den Inneren Narren entdecken. lebensfroh – kreativ – spirituell, Esslingen 2013.

[20] Giovetti 2007, S. 79.

[21] Ebd., S. 79.

[22] Vgl. zum Problem des ‚Immoralismus' Assgioli 2008, S. 164-167. Dass Assagioli wegen seiner pazifistischen Haltung und Zugehörigkeit zum Judentum inhaftiert wird, ist durch nichts zu rechtfertigen und darum auch nicht im moralischen Sinne als ‚gut' zu bewerten. Dennoch kann die Erfahrung selbst und der daraus resultierende Lernprozess von Assagioli persönlich positiv, im Sinne einer Horizonterweiterung oder praktischen Überprüfung seiner Überzeugungen, wahrgenommen werden.

[23] Vgl. zur Spiritualität im alltäglichen Leben ebd., S. 197-213.

[24] Vgl. ebd., S. 160-175.

[25] Darum empfiehlt Assagioli die Psychosynthese auch für den Bereich der Kindererziehung und Begabtenförderung, insbesondere für Personen, die in therapeutischen, sozialen und pädagogischen Bereichen tätig sind, und für die interpersonale Arbeit in Gruppen. Vgl. Assagioli 2004, S. 53.

[26] Vgl. ebd., S. 26f.

[27] Piero Ferrucci hat in ›Unermesslicher Reichtum. Wege zum spirituellen Erwachen‹ (Hamburg 1994) zu den Themen ‚Höheres Selbst' und ‚transpersonale Inspiration' eine Fülle eindrucksvoller Beispiele aus der Religions-, Kunst-, Wissenschafts- und Kulturgeschichte zusammengestellt.

[28] Assagioli 1974 im Gespräch mit Sam Keen, zit. nach Giovetti 2007, S. 156.

[29] Vgl. Assagioli 1992, S. 109, 174.

[30] Vgl. Assagioli 2004, S. 100.

[31] Vgl. ebd., S. 131.

[32] Vgl. ebd., S. 132f.

[33] Ebd., S. 133.

[34] Ebd., S. 51.

[35] Ebd., S. 200-202.

[36] Ebd., S. 202-212.

[37] Vgl. ebd., S. 108-118.

[38] Ebd., S. 48.

[39] Ebd., S. 106.

[40] Ebd., S. 200f.

[41] Ebd., S. 107.

[42] Ebd., S. 121.

[43] Ebd., S. 119.

[44] Ebd., S. 86.

[45] Vgl. dazu das Kapitel Mystik und Medizin in Assagioli 2008, S. 138-144.

[46] Vgl. ebd., S. 158.

[47] Vgl. ebd., S. 170-175.

[48] Assagioli 2004, S. 123; Assagioli 2008, S. 164-169.

[49] Assagioli 2004, S. 50.

[50] Giovetti 2007, S. 147.

[51] Vgl. Giovetti 1995, S. 185f.

[52] Vgl. Assagioli 2004, S. 120.

[53] Vgl. Assagioli 2008, S. 19-32.

[54] Vgl. etwa ebd., S. 109-137.

[55] Assagioli 2004, S. 50

[56] Ebd., S. 231.

[57] Giovetti 2007, S. 84

[58] Vgl. Assagioli 2004, S. 250-252; Assagioli 2008, S. 104-106.

[59] Giovetti 2007, S. 87f.

[60] Der Interpersonalen Psychosynthese hat Assagioli ein eigenes Kapitel in seinem Handbuch gewidmet. Vgl. Assagioli 2004, S. 261-268.

[61] Giovetti 2007, S. 178.

[62] Vgl. dazu das Vorwort der Herausgeber in Assagioli 2004, S. 30-36.

[63] Einen Überblick über die Entwicklung und Situation der Psychosynthese in Deutschland bieten die Herausgeber/innen von ebd., S. 277-280.

[64] Piero Ferrucci, Die Psychosynthese im Lichte der Neurowissenschaften, in: Psychosynthese-Zeitung Nr. 27 (September 2012), S. 3-18. Text und Literaturverzeichnis finden sich auch online unter www.urselneef.de/Psychosynthese/Eigene_Artikel.html.

[65] Giovetti 2007, S. 103.

Literaturverzeichnis

Die im vorangegangenen Kapitel mehrfach abgekürzt zitierte Literatur:

Assagioli 1982: Roberto Assagioli, Die Schulung des Willens. Grundlagen der Psychosynthese, Paderborn 1982.

Assagioli 2004: Roberto Assagioli, Handbuch der Psychosynthese. Grundlagen, Methoden, Techniken, Rümlang/Zürich 2004.

Assagioli 2008: Roberto Assagioli, Psychosynthese und transpersonale Entwicklung, Rümlang/Zürich 2008.

Giovetti 2007: Paola Giovetti, Roberto Assagioli. Leben und Werk des Begründers der Psychosynthese, Rümlang/Zürich 2007.

II. „Ich bin ein Zentrum reinen Selbst-Bewusstseins"

Georg Henkel / Ursel Neef

Hier erfolgt nun eine genauere Darstellung des sogenannten Ei-Modells oder -Diagramms, das Roberto Assagioli der psychosynthetischen Arbeit zugrundegelegt hat. Dieses Modell ist eine Vereinfachung und dient vor allem der praktischen Orientierung im psychosynthetischen Prozess. Es wird in einem ersten Schritt zunächst im Grundsätzlichen erläutert, bevor in einem zweiten Schritt bestimmte Bereiche aus der Perspektive der Systematisch-Integrativen Psychosynthese genauer betrachtet werden.

ASSAGIOLIS EI-DIAGRAMM

Assagioli unterscheidet sieben verschiedene Bewusstseinsbereiche, die allerdings nicht strikt getrennt voneinander existieren, sondern gleichsam fließend ineinander übergehen. Zwischen den einzelnen Bereichen findet ein ständiger wechselseitiger Energie- und Informationsaustausch statt, dem sich die stete Dynamik des psychischen und seelischen (Er)Lebens verdankt.[1]

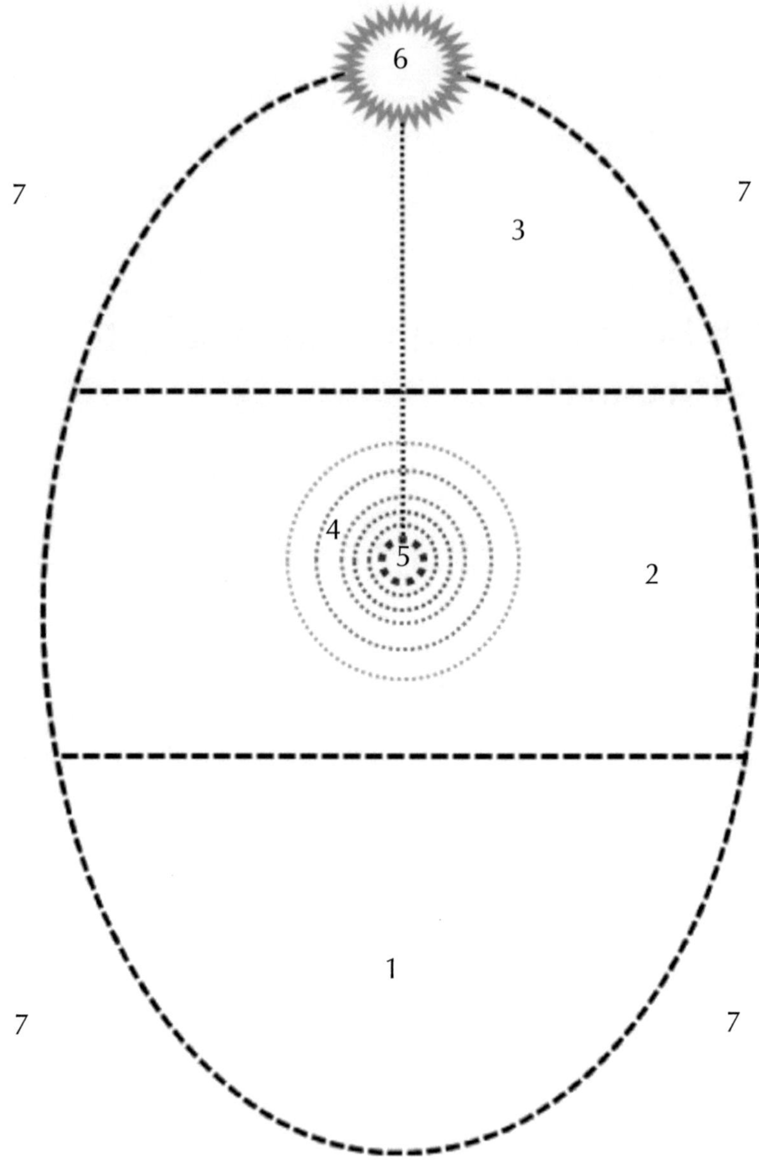

6
7
7
3
4
5
2
1
7
7

1. das tiefere Unbewusste
2. das mittlere Unbewusste
3. das höhere Unbewusste oder Über-Bewusste
4. der Bereich des Bewusstseins bzw. das Bewusstseinsfeld
5. das bewusste Ich oder personale Selbst
6. das höhere Ich oder transpersonale Selbst
7. das kollektive Unbewusste

1. Das tiefere Unbewusste umfasst den urtümlichsten Bereich des menschlichen Bewusstseins; man könnte es auch als Keller unseres seelischen Hauses mit den zentralen, lebenswichtigen Versorgungseinheiten bezeichnen, in dem zugleich Vieles aus unserer persönlichen Geschichte deponiert wurde. Nach Assagioli sind hier die primären psychischen Funktionen und Aktivitäten lokalisiert, die die vitalen physischen Prozesse steuern und in Gang halten; zudem haben dort die elementaren Lebenstriebe und primitive Impulse ihren Ursprung, weiter emotional hochaufgeladene Komplexe, vergangene Traumata sowie Träume und Imaginationen. Von dort können aber auch Phobien, Neurosen, psychosomatische Störungen oder wahnhafte Vorstellungen ihren Ausgang nehmen.

2. Das mittlere Unbewusste ist der Bereich des Wachbewusstseins. Im seelischen Haus entspricht es dem Wohnbereich, in dem wir uns bevorzugt aufhalten. Es entspricht dem, was wir als unsere unmittelbarere Gegenwart im Hier und Jetzt erleben. Psychologische Vorgänge, die in diesem Bereich stattfinden, sind z. B. die Aneignung von Erfahrungen, die Ausbildung von Körperempfindungen, die Verarbeitung von Gedanken, Informationen (z. B. Name, Telefonnummer, Einmaleins) Gefühlen oder Imaginationen. Assagioli spricht auch von Verdauungsprozessen. Diese Prozesse können vom bewussten Ich oder personalen Selbst (vgl. 5.) wahrgenommen werden, wenn sie nach einem Reifungs- und Manifestationsprozess im Bereich des Bewusstseins (vgl. 4) erscheinen und die Aufmerksamkeit des Ich sich darauf richtet. Um im Bild des Hauses zu bleiben: Das Ich schaltet dann das Licht des Bewusstseins ein und erkennt, was in den einzelnen Räumen des Hauses vor sich geht. Alles, was außer-

halb dieses fokussierten ‚Bewusstseins-Lichts‘ geschieht, kann es nicht wahrnehmen.

3. Das höhere Unbewusste oder Überbewusste ist gleichsam das Obergeschoss unseres seelischen Hauses, von dem aus ein Ausblick in den lichten ‚Himmel‘ darüber möglich ist. Es ist der Ursprung von spontanen Intuitionen, schöpferischen Impulsen, Kreativität und genialen Eingebungen, von ethischen Einsichten und höheren Gefühlen (Altruismus, Ekstase, Meditation, Erleuchtung). Aus diesem Bereich kommen die sogenannten Gipfelerlebnisse, von denen oben bereits gesprochen wurde. Im Überbewussten liegen die geistigen Potentiale des Menschen: das, was er sein kann. Von hier aus wird dazu inspiriert, sich im wahrsten Sinne selbst zu verwirklichen.

4. Der Bereich des Bewusstseins bzw. das Bewusstseinsfeld zeigt jenen Bereich an, in dem der Mensch die Gegenstände seines Bewusstseins über seine fünf Sinne wahrnimmt und verarbeitet. In diesem Bereich des seelischen Hauses manifestieren sich Sinneseindrücke, Gedanken, Gefühle, Körperempfindungen, Neigungen, Abneigungen und Wünsche aus den verschiedenen Bewusstseinsbereichen. Sie erscheinen nun als Anteile der Persönlichkeit. Dieser Bewusstseinsstrom kann vom Ich bzw. personalen Selbst (vgl. 5.) beobachtet, bewertet und verarbeitet werden.

5. Das bewusste Ich oder personale Selbst wird von Assagioli als „Punkt reiner Selbstbewusstheit“ bezeichnet, der nicht mit der Persönlichkeit bzw. den Inhalten des Bewusstseins gleichgesetzt werden darf. Das Ich kann als eigene Instanz z. B. während eingehender Introspektion oder in Momenten der Kontemplation erkannt werden. Dieser Bereich ist gleichsam die stille, leere Mitte unseres psychischen Hauses, von dem aus wir alles überblicken können und auch einen Zugang in die oberen Etagen des Überbewusstseins haben.
Idealerweise ist das Ich frei von Identifikationen, d. h. disidentifiziert von den ständig wechselnden Bewusstseinsinhalten. So kann es als koordinierendes und synthetisierendes Zentrum aktiv werden. Assagioli vergleicht das Ich mit einem weiß leuchtenden Bildschirm, auf den Bilder projiziert werden. Bildschirm und Bilder sind nicht identisch, allerdings können sie bei mangelnder Bewusstheit so erschei-

nen. Dann verliert sich das Ich gleichsam im stetigen unkontrollierten Strom der Wahrnehmungen, Gefühle und Gedanken – es wird ‚blind' für sich selbst und kann die Bewusstseinsinhalte nicht geordnet bearbeiten. Auch Impulse aus den höheren Ebenen des Bewusstseins können sich dann nur noch in verzerrter Form ausdrücken.

6. Das höhere Ich oder transpersonale Selbst ist sozusagen der Leitstern des Menschen, den er beim Blick vom ‚Dachgeschoss' seines psychischen Hauses aus sehen kann und der ihn erleuchtet. Anders als man angesichts des Modells zunächst vermuten könnte, ist das personale Selbst keine vom transpersonalen Selbst getrennte Instanz, sondern dessen Widerspiegelung oder Projektion im Bereich der Persönlichkeit. Beide sind im Grunde eins. Das höhere Selbst ist die potenzierte Essenz eines Menschen. Es besitzt Möglichkeiten, die weit über die begrenzte Persönlichkeit hinausgehen. Seine Existenz begründet Assagiolis Optimismus hinsichtlich der menschlichen Natur, die für ihn grundsätzlich gut ist und darum durchaus in der Lage ist, Herr im eigenen Haus zu sein.

DAS BEFREITE ICH

Aus der vorangegangenen Betrachtung des Psychosynthese-Ei-Diagramms ergeben sich für die praktische Vorgehensweise in der Systematisch-Integrativen Psychosynthese, die im Anschluss an diesen Text genauer vorgestellt wird, erhebliche Konsequenzen. Deswegen seien an dieser Stelle noch einige ergänzende und verdeutlichende Anmerkungen gemacht, die Verständnisschwierigkeiten abhelfen sollen und zur Methodik von SIPS hinführen.

Im Zentrum des Ei-Diagramms steht das Ich. Im Idealzustand ist es ein Ort von reinem, bewusstem Sein. In diesem Zustand ist das Ich leer, still, wie eine weiße Leinwand, auf die Bilder und Worte der verschiedensten Art gemalt werden können.

In der alltäglichen Lebenspraxis treffen wir das Ich in diesem stillen Zustand jedoch normalerweise nicht an! Vielmehr ist es gefüllt mit Eindrücken, Stimmungen, Worten, Erfahrungen oder auch Teilpersönlichkeiten, Glaubensmustern, Willenskräften etc. All diese Inhalte sind der Versuch, dem Leben innerlich wie äußerlich eine gewisse Balance, Lebendigkeit, Intensität und Sicherheit zu geben. Gehen wir an dieser Stelle in die von der Psychosynthese favorisierte Symbolsprache, können wir von einem ‚Lärm‘, von einer ‚Betriebsamkeit‘ im Ich sprechen. Ist das Ich mit den üblichen Anforderungen des Lebens beschäftigt, ist es in ihm voll und meist laut, angestrengt und seine Kräfte sind gebunden. Vielleicht gibt das Bild von einer Fabrikhalle, in der viele Tätigkeiten erledigt werden, die Stimmung eines arbeitenden und mit der Balance beschäftigen Ichs gut wieder. Wie wir bereits anhand der Darstellung des Ei-Modells gesehen haben, geht Assagioli davon aus, dass in diesem Zustand das Ich mit seinem Potential psychische Energie zu verarbeiten, praktisch nicht vorhanden (also unbewusst) ist, da es völlig mit Inhalten überlagert und identifiziert ist.

Die Impressionen, auf die das Ich reagiert, entstammen in der Regel zwei Quellen: So muss das Ich Erfahrungen, die es mit der äußeren Welt macht, ebenso verarbeiten wie Stimmungen, Phantasien, Glaubensmuster usw. die mehr aus dem Archiv des eigenen seelischen Erlebens stammen.

Die Eindrücke von außen können vielfältigster Natur sein. Es sind Erfahrungen des Lebens, die je nach psychologischer Brisanz einen Platz zur Verarbeitung im Ich bekommen. Sie sind dabei mehr oder weniger bewusst (siehe 4. im Ei-Diagramm). Sie können aber auch die Kapazitäten des Ichs zur Verarbeitung überfordern und werden dann in die unbewussten Bereiche (siehe 2. im Ei-Diagramm), verschoben. Diese Verschiebung findet jedoch auch mit Material statt, das keine besondere psychische Ladung mehr hat und einfach im großen ‚Vergessensspeicher‘ abgelegt wird.

Aber auch die Eindrücke aus dem tieferen Innenraum der Psyche können vielfältiges Material in das Ich liefern, z. B. das Gefühl, allein zu sein, Konkurrenzgefühle, Reaktionen auf die Bedrohung der Würde. Diese Beispiele würden wir eher dem tieferen Unbewussten (siehe 1. im Ei-Diagramm) zuordnen. Sie werden gespeist aus den dem Menschen innewohnenden psychologischen Grundmechanismen, die in archaischen Zeiten halfen, das Überleben zu sichern. Aus dem höheren Unbewussten (siehe 3. im Ei-Diagramm) können Impulse der Intuition, der klaren Führung oder auch eines kreativen Flows einfließen und im Ich-Raum vernommen werden.

Wenn wir das psychosynthetische Strukturmodell in dieser Art formulieren, wird deutlich, dass es im Psychischen außer dem Ich (siehe 5. im Ei-Diagramm) und seinem umliegenden Bewusstseinsfeld (siehe 4. im Ei-Diagramm) keine weiteren Bewusstseinsräume gibt. Alles, was im Lichte des Bewusstseins betrachtet und gewandelt werden soll, muss dafür in den Resonanzraum des Ichs! Und so braucht auch das höhere, mittlere und tiefere Unbewusste den Bewusstseinsraum des Ichs, um in seinen Inhalten (sofern es möglich ist) erkannt zu werden. Nur im Ich ist das erkennende Licht des Bewusstseins! Nur im Ich gibt es (hoffentlich) differenzierte psychische Funktionen, die das geborgene Wissen aus den unbewussten Regionen des seelischen Apparates im Sinne einer holistischen Lebensentfaltung integrieren können. Dabei sind die verschiedenen Bereiche des Unbewussten eher wie Archive zu verstehen, aus denen etwas in den Bewusstseinsraum des Ichs freigegeben wird, wo dieses sich dann in seinem erkennenden Licht mit dem Inhalt beschäftigt. Das bedeutet: Auch das Höhere Selbst (siehe 3. im Ei-Diagramm) ist kein eigener Bewusstseinsraum. Es braucht die Leere, die Stille des Ichs, um mit seinen tragenden Qualitäten und lebensstärkenden Impulsen in die menschliche Wahrnehmung zu kommen!

Die besondere Anlage des psychischen Organismus hat weitreichende Konsequenzen für den Weg der therapeutischen Arbeit mit der Psychosynthese und darf, wenn man wirklich tiefgehende psychische Veränderungen im Menschen anstrebt, nicht übergangen werden.

Ich möchte die Klugheit dieses Strukturmodells von Roberto Assagioli hier in zwei Richtungen diskutieren:

1. Der Raum des Ichs kann in der Alltäglichkeit unseres Lebens mit Impressionen und Aktivitäten überfüllt sein. Auch ist er vielleicht mit einer zentralen Identifikation belegt, welche schließlich in eine aktuelle psychische Krise geführt hat. Wie voll, wie lärmend darf/kann es

in einem Ich sein, ohne dass es seine Fähigkeit zur kreativen Verarbeitung von psychischem Material verliert?

Wir kennen diese Erfahrung auch aus anderen Bereichen des Lebens: Wie zugestellt darf ein Arbeitsplatz sein, wenn ich an ihm produktiv sein möchte? Und verhindert eine ‚Überfüllung' des Ichs nicht sogar die Erfahrung von noch anderen, verborgenen psychischen Qualitäten? Ist ein Raum überfüllt, passt nichts Weiteres mehr herein! So kann die Tiefe des Seins oder die Anbindung an das Höhere Selbst nicht mehr wirklich verspürt werden. Die Beschäftigung und Befüllung mit immer neuen Inhalten ist dann nichts anderes als der Versuch, diesen verspürten Mangel zu kompensieren. Das erkennen wir auch in der menschlichen Suche nach (Sach-)Werten und an der Enttäuschung darüber, dass das mit ihrem Besitz erwartete Gefühl nicht von Dauer ist. Und wenn wir in den psychischen Bereich schauen, stellt sich die Frage, mit wie viel (auch spirituellem) ‚Lärm' aus Büchern, Workshops und in neuerer Zeit auch Apps das Ich überfrachtet werden kann in der Suche nach dem zentralen Gefühl von innerem Zufriedenheit und Balance. Die Erkenntnis einer Patientin, die erste Erfahrungen mit der Psychosynthese machte, bringen das hier Gemeinte sehr schön auf den Punkt: „Wie viele Bücher habe ich gekauft und heute im Regal stehen auf der Suche nach dem, was ich nur in mir finden kann!"

2. Aus der sozialwissenschaftlichen Perspektive lässt sich die Frage stellen, ob das überbordende Angebot von psychologischen Ratgebern nicht zu einer Art Abstumpfung oder sogar Blockade für die Wahrnehmung des lebendigen inneren Impulses führt? Prof. Hartmut Rosa, der sich in seiner Habilitation mit dem Thema Beschleunigung in der Gesellschaft befasst hat, sieht einen Zusammenhang zwischen der Fülle und Schnelligkeit eines vorgegebenen, nicht selbst gefundenen Lösungsweges und dem Verlust von kulturellen Werten. Kulturelle Werte (und auch eine psychische Kultur, d. Verf.) brauchen Zeit zum Gedeihen, so Rosa.[2] Bewirken also manche Bestseller-Autoren im Leser vielleicht das Gegenteil von dem, mit dem sie vorgeblich antreten und liefern sie stattdessen nur ‚Fast-Food' für die Seele, das den wahren Hunger nicht zu stillen vermag?

Die Systematisch-Integrative Psychosynthese, die im nachfolgenden Aufsatz erläutert werden soll, bezieht hier eine sehr klare Position: Das Ich muss sich entrümpeln. Es muss zur Ruhe kommen. Das ist die Voraussetzung, damit die Zugänge zu den unbewussten Archiven und den darin verborgenen Potentialen (siehe 1., 2. und 3. im Ei-Diagramm) überhaupt wahrgenommen werden können. Und erst dann können schließlich auch die Qualitäten des Höheren Selbst als Erfahrung einer tiefen Geborgenheit im Sein in unser Bewusstsein treten. Wie sagte Laotse so schön: „Die größte Offenbarung ist die Stille!"

Wir können den Weg zur ‚Stille des Ichs' auf vielfältige Weise gehen. In einem Zen-Kloster auf einem Kissen sitzend und wartend; auf einem langen, einsamen Weg nach Santiago di Compostela; mit der täglichen Meditationspraxis im eigenen Haus. Und auch die Psychosynthese hat sehr effektive Methoden entwickelt, die dem Ich helfen, sich – unabhängig von den äußeren Bedingungen – von seinen lärmenden Stimmen zu befreien. Die Wirksamkeit dieser Methoden wird von aktuellen Erkenntnissen der neurowissenschaftlichen Forschung bestätigt. Wird es still im Ich, kann es Resonanz- und Bewusstseinsraum für die bis dahin unbewussten Inhalte des Seelischen sein. Nun können zum Verstehen und Integrieren Eindrücke aus dem mittleren, aber auch aus dem tieferen Unbewussten in das Bewusstsein des Ich einfließen. Sie werden mit den Übungen und Techniken der Psychosynthese angeschaut und auf diese Weise von ihrer dramatischen Inszenierung befreit. Ihr wertvoller Kern wird an einem guten Platz in der Psyche integriert. Die dramatischen Inszenierungen der konfliktbehafteten und ins Unbewusste abgedrängten Erfahrungen werden transformiert; die nun integrierten störenden Impulse drängen nur noch vereinzelt zur Erlösung und Aufarbeitung in den Raum des Ichs ein. Der ‚Lärm' lässt nach.

Es ist mir an dieser Stelle ein besonderes Anliegen, mit Hilfe des sehr tiefgründigen Strukturmodells von Roberto Assagioli deutlich herauszuarbeiten, dass das Auffüllen des Ichs durch angelesene, gemailte oder durch Apps verschickte Worte keine Hinführung zur spirituellen Seinserfahrung (oder gar ein Ersatz dafür) sein kann. Auf diesem kommerzialisierten Marktplatz ist es zu trubelig! Es braucht den Weg in die umgekehrte Richtung: die Reduktion der Worte, die Stille, das einfache Sein. Die Flut von Büchern, DVDs, Seminaren und neuerdings auch spirituellen Jahrescoachings durch Apps bewirkt eine Ansammlung von kognitivem Wissen, das den Weg zur inneren Bewusstseinsbildung leicht blockieren kann. Wir dürfen uns dieses Wissen nicht von außen zuführen. Wir müssen es in uns entdecken! Jeder weise Lehrer vermittelt genau diesen Weg! Der gute Begleiter in der Psychosynthese wird immer Impulse zur Befriedung des Ichs geben und kann geduldig auf die Einkehr des Selbst im Raum des Bewusstseins warten. Hier zeigt sich, dass Psychosynthese auch stets psycho-pädagogisches Handeln ist. Der Zugang zur eigenen Weisheit wird immer verbindlicher und tragender sein als jedes angelesene oder online zugeführte Material. Auch die modernen Zeiten ändern nichts an der Richtung dieses altbekannten Weges! Den kompetenten Lehrer erkennen wir daran, wie achtsam seine Interventionen an diesem sensiblen Punkt sind.

Im nächsten Abschnitt des Buches soll nun die Systematisch-Integrative Psychosynthese in ihren Modulen und ihrem Ablauf vorgestellt werden. Wir hoffen, dass sich die wunderbare Logik und Stringenz des Psychosynthese-Modells für die Praxis der therapeutischen Arbeit mit diesem Aufsatz auch für den Leser erschließt.

Anmerkungen

[1] Vgl. zum Folgenden Roberto Assagioli, Handbuch der Psychosynthese. Grundlagen, Methoden, Techniken, Rümlang/Zürich 2004, S. 60-63, sowie Sascha Dönges / Catherine Brunner Dubey, Psychosynthese für die Praxis. Grundlagen, Methoden, Anwendungsgebiete, München 2005, S. 27-37.

[2] Hartmut Rosa, Beschleunigung. Die Veränderung von Zeitstrukturen in der Moderne, Frankfurt a.M. [10]2005.

Ursel Neef

III. Systematisch-Integrative Psychosynthese (SIPS)

Die Psychosynthese wurde in ihren wesentlichen Grundzügen von dem italienischen Psychiater Roberto Assagioli ‚komponiert'. Auf seiner Suche nach den Möglichkeiten zur Entwicklung des menschlichen Bewusstseins entwickelte er verschiedene psychodynamische Module, die sich wie die Töne einer Melodie zueinander fügen können.

Die Psychosynthese ist dabei bis heute, neben ihren Kernaussagen, ein offenes System der Methodik zur Bewusstseinsschulung. Als Methode gelangt sie hauptsächlich in der freien therapeutischen Praxis, in der Beratung sowie in Coaching und Supervision zum Einsatz. Wir finden sie sowohl in der Einzelarbeit, im dyadischen Kontext, wie auch – besonders wirkungsvoll – in der Arbeit mit (themenspezifischen) Gruppen. Wird sie in ihrer Tiefe wirklich praktiziert und verstanden, ist sie eine Schulung zur Entfaltung und Vertiefung von menschlicher Weisheit[1] und schließt auch transpersonale Bewusstseinsräume mit in ihre Erfahrungswelt ein.

Wie so häufig in der Psychologie wird auch in der Psychosynthese ein phänomenologisches Modell benutzt, um ein Verständnis für psychologische Abläufe zu schaffen. Erfreulicherweise kann jedoch gerade in den letzten Jahren die neurobiologische Forschung viele geisteswissenschaftliche Konstrukte der Psychosynthese auch wissenschaftlich verifizieren.[2]

Die inhaltliche Offenheit der Psychosynthese ist dabei eine Einladung zur Verknüpfung mit vielfältigen anderen psychologischen und psychotherapeutischen Schulen. Diese Offenheit birgt für Übende wie für Lehrende die Gefahr, einzelne Elemente aus ihrem Sinnzusammenhang zu entkoppeln und nur für eine oberflächliche Funktionalität zu verwenden. Hieraus erwachsen dann vielfältige Problematiken. Mag die freie, unsystematische Anwendung psychosynthetischer Übungen im Bereich der Selbsterfahrung durchaus ein akzeptabler Weg sein[3], bedarf die Anwendung der Psychosynthese im therapeutischen Zusammenhang jedoch großer Sorgfalt und Umsicht, denn ihre Methoden sind hochwirksam. Psychische Vitalität, auch im Sinne von Weisheit, kann nicht auf dünnen Beinchen stehen! Das gilt insbesondere für die Arbeit mit den transpersonalen psychologischen Übungen.

Aus dieser Beobachtung und aus der Erfahrung meiner Lehrtätigkeit im Institut für Psychosynthese entstand die Idee, für die therapeutische Arbeit einige Töne der Psychosynthese in einen strukturierten und sinnvollen Zusammenhang zu bringen, so dass sich eine harmonische Melodie ergibt. Das fundamentale Anliegen bei dieser Konzeption ist die systematische Stärkung von psychischen Potentialen, so dass starke Ich-Strukturen ein komplexes Bewusstsein tragen können: Eine Praxis, die wir in jeder klassischen Kontemplationsschule finden. Wenn hier in diesem Zusammenhang vom „Ich" gesprochen wird, ist damit ein Koordinationsapparat für seelische Energien gemeint. Weitere Erläuterungen zu dieser Begrifflichkeit erfolgen an anderer Stelle.

Der von mir praktizierte Weg im Vorgehen bei der therapeutischen Begleitung lässt sich im Sinne fachlicher Begrifflichkeit am besten als

Systematisch-Integrative Psychosynthese
(kurz: SIPS)

beschreiben. Es ist die Art von Psychosynthese, wie sie im Wuppertaler Institut für Psychosynthese und interpersonale Psychologie in den Seminaren und Ausbildungen gelehrt wird.

Systematisch ist im Sinne einer stärkenden Schritt-für-Schritt-Vorgehensweise gemeint. Die Tragfähigkeit des psychischen Systems wird von der Basis, also von den tiefen affektiven und vitalen Bewusstseinsschichten her aufgebaut. Im Mittelpunkt steht dabei die Entwicklung und (Re)Organisation von differenzierten Ich-Funktionen im Sinne einer stärkenden Selbst-Reflexion und -Betreuung. Diese soll durch ein klar orientiertes Vorgehen für den Klienten und seine eigene Pflege transparent sein.

Integrativ meint, dass auch andere Methoden, die dem Geist der Psychosynthese entsprechen, respektvoll in die Arbeit eingebunden werden.

Synthese soll hier im klassischen Psychosynthese-Sinne verstanden sein. Damit ist gemeint, dass die (erweiterte) bewusstseinsbildende Struktur sich so fein und nachhaltig in die Seele des Menschen eingewoben hat, dass sie ganz zu seinem Eigenen geworden und in jeder Hinsicht tragfähig ist.

Die Systematisch-Integrative Psychosynthese erfordert vom therapeutischen Begleiter, dass er zwei Arbeitslinien im Blick behält und zeitgleich praktiziert. Diese sind:

- spielerische Sicherheit bei der Arbeit mit den verschiedenen Modulen der Psychosynthese und eventuell auch anderen Verfahren und

- analog zum therapeutischen Vorgehen die ständige Reflexion über die für den Patienten kompetenzerweiternde Vorgehensweise bei der Auswahl des therapeutischen Angebots.

Insbesondere der zweite Aspekt wird häufig bei solchen psychologischen Techniken vernachlässigt, denen aufgrund ihrer augenscheinlichen Effizienz zugetraut wird, mit einem heftigen Impuls nachhaltig im psychischen System des Klienten zu wirken. Die wirksame langfristige Integration des therapeutischen Impulses bleibt im Setting aber immer eine besondere Herausforderung. Gelingt eine stabile Integration nicht, kann dies in letzter Konsequenz sogar zu einer Schwächung des Klienten führen. Ein Beispiel möge dies stellvertretend für viele andere illustrieren: Wie schwierig scheint es manchmal für den Begleiter zu sein, eine Fragetechnik zu praktizieren, die den Klienten sich selbst-bewegend zur Entwicklung führt. Es besteht die Gefahr, dass vom Therapeuten eigene Lösungsvorschläge unterbreitet werden, die zwar sachlich richtig sein mögen, die der Klient aber im aktuellen Prozess nicht aus sich selbst geschöpft hat. Auch wenn Erläuterungen an der richtigen Stelle im therapeutischen Prozess notwendig sind, führen sie ohne reflexive Praxis zur Implosion des Kompetenzgefühls beim Klienten. Die Kompetenz zur Meta-Beobachtung im therapeutischen Vorgehen ist für den Begleiter eine ständige Herausforderung.

Im großen Haus der Psychosynthese möchte der systematisch-integrative Ansatz einen Raum bewohnen und hier seine Melodie erklingen lassen. Dabei soll keine Polarität zur grundsätzlichen Offenheit der Psychosynthese entstehen, denn diese muss ja, ist sie wirklich ernst gemeint, auch Platz für einen strukturierten Ansatz haben. Dieser Ansatz möchte vielmehr eine ordnende Nachdenklichkeit ins therapeutische Vorgehen bringen, so dass die transformierende Kraft der psychosynthetischen Übungen sich ganz entfalten kann. Der hier dargestellte Ansatz zeigt eine Grundstruktur auf, die jedoch nicht zum ‚Raster‘ werden darf, das es formal ‚abzuarbeiten‘ gilt. Ein phasenspezifisches Arbeiten erfordert ein kreatives Spiel mit den einzelnen Modulen, welches jedoch immer dem Prinzip der strukturierten Kompetenz-Entwicklung folgen sollte.

Gemäß ihrer Herkunft aus der Psychosynthese Assagiolis versteht sich auch die Systematisch-Integrative Psychosynthese als ein psycho-pädagogisches Verfahren. Damit ist gemeint, dass die therapeutische Arbeit vom Begleiter für den Klienten transparent gemacht wird, so dass sich dieser bald mittels Verstehen und Erleben in der Lage sieht, durch ein selbstständiges Üben seine Seelenkräfte gut zu balancieren und seine Bewusstseinsräume kreativ auszugestalten. In diesem Sinne ist die Psychosynthese immer mit einem hohen emanzipatorischen Anspruch versehen.

Im Folgenden sollen nun einige der zentralen Bausteine aus unserem umfangreichen Psychosynthese-Koffer zu einem systematisch-integrativen Ansatz zusammengestellt werden. Dabei wird die Psychosynthese nicht neu erfunden! Es werden aber die Module aus einem offenen System in eine nachvollziehbare Ordnung gebracht, welche sich in der therapeutischen Praxis sehr gut bewährt hat. Die im Anschluss vorgestellte Reihenfolge skizziert einen sinnvollen, weil psychodynamisch strukturbildenden Zugang zur Entwicklung von Bewusstsein. Dabei kann es an dieser Stelle nicht darum gehen, eine ausformulierte Anleitung für die praktische Arbeit zu geben. Ziel ist es vielmehr, dem Leser einen schrittweisen Überblick über den Ablauf und die Wirkungsweise der Methode der SIPS zu bieten.

ALS ERSTES:
ICH SEHE DIE WELT NICHT WIE SIE IST,
SONDERN WIE ICH BIN

Die Psychosynthese definiert die persönliche innere und äußere Wahrnehmung der Wirklichkeit (des Seienden) als nur <u>eine</u> Möglichkeit des Erlebens neben vielen anderen Möglichkeiten der Wahrnehmung. Aus meist unbewussten Motiven hat der Klient sich für dieses spezielle Wahrnehmungsmuster entschieden und hält dieses nun für real. Er ist mit seiner Sicht auf die Welt identifiziert.[4]

Doch sind diese Gedankenmuster wohltuend? Bilden sie eine Matrix, auf der sich sein aktuelles Leben gut entfaltet? Die Suche des Klienten beginnt, wenn seine Wahrnehmung von der Welt ihm Leid verursacht und er den Schlüssel zur ENT-Wicklung finden möchte.

Wie kann der mit seinen speziellen Mustern Identifizierte einen Perspektivwechsel vollziehen und eine beobachtende Position zu seiner eigenen Wahrnehmung einnehmen? Es ist keine Kunst, ihm einen externen Blick von außen anzubieten, z. B. durch einen gut gemeinten Ratschlag. Die Systematisch-Integrative Psychosynthese stellt jedoch die Frage nach der inneren Bewegung, die es uns ermöglicht, in die Selbstbeobachtung zu gehen. Wie lerne ich, mich von meiner eigenen Wahrnehmung zu dis-identifizieren? Es geht dabei um ein Heraustreten aus den eigenen Mustern. Es geht darum, sich seiner selbst bewusst zu sein. Ein entscheidender psychischer Standortwechsel!

So ist der erste Schritt in der Lösung von Krisen der externe Blick auf sie. Genial erkundet die Psychosynthese diesen Richtungswechsel durch die Installation eines Inneren Beobachters. Ohne im Rahmen dieser Abhandlung auf die Details der speziellen Techniken eingehen zu können, bildet der Ort des Inneren Beobachters eine Art Podium, von wo aus der Strom der Wahrnehmung erfasst wird, um dann nach und nach zu erkennen, welchen psychodynamischen Sinn das bestehende Gedankenmuster hat. Was verbirgt sich hinter dem leidvollen Gedanken? Welches Bedürfnis, welches Gefühl sucht hier nach einem Ausdruck? Und: Wenn ich das Bedürfnis kenne, gibt es einen unmittelbaren Weg, es zu stillen?

Ein Beispiel: Eine ältere, vielseitig gebildete und interessierte Patientin betreut mit hohem Zeitaufwand ihren pflegebedürftigen, „immer wieder" sterbenden Vater im Altenheim. Sie ist gefangen in ihrem Verantwortungsgefühl und sieht keinen Ausweg aus der nun schon seit Jahren währenden Lebenssituation. Ohnmächtig hat sie sich viele gut gemeinte Ratschläge von Freunden anhören dürfen. Zur ersten Installation des Inneren Beobachters stellen wir im Behandlungsraum einen dritten Stuhl in unsere Runde. Die Klientin soll nun imaginieren, dass sie sich dort selbst sitzen sieht. Sie wird zur Beobachterin ihrer selbst. Was braucht diese Frau? Was fehlt ihr? Welche Landschaft würde sich jetzt besonders zur Erholung für sie eignen? Und so nimmt sie sich selbst an die Hand und geht mit dieser erschöpften Frau inniglich verbunden für einen Moment an diesen heilsamen Ort und schenkt ihr stärkende Zuwendung. Als sie wieder in die Realität zurückkommt, fühlt sie sich deutlich regeneriert. Es folgt nun ein Gespräch, wie sie diese Erfahrung in ihren Alltag integrieren kann.

Es sei an dieser Stelle ausdrücklich erwähnt, dass, wenn ich hier durch Beispiele Einblicke in das psychosynthetische Vorgehen gebe, diese immer nur Momentaufnahmen aus einem komplexeren therapeutischen Prozess sein können. Der ganze Behandlungsablauf ist mehr als die im Beispiel genannte Übung! Und selbstverständlich sind die hier beschriebenen Geschichten und Personen von mir so verfremdet, dass der Bezug zu lebenden Personen rein zufällig wäre.

Aus dieser Fallgeschichte erschließt sich sehr schön die zweite Komponente des SIPS-Konzeptes:

ALS ZWEITES:
INNERE BILDER UND INNERER BEOBACHTER

Die Systematisch-Integrative Psychosynthese arbeitet, wo immer es möglich ist, mit inneren Bildern. Der Klient beobachtet z. B. in seiner Phantasie sich selbst auf einem Stuhl sitzend und erforscht, was diese Person (also er!) denkt, was ihr fehlt und wie er es ihr nun auf eine gute Weise im Bild selbst geben kann. So beginnt der Klient sich selbst zu versorgen, zu behandeln, zu befreien. So stärkt er seinen Beobachter; so stärkt er seine Selbstheilungskräfte. Und so entwickelt er letztlich auch neurologische Muster, die ihm bisher nicht zur Verfügung standen!

Diese elementare Arbeit kann er nur selbst übernehmen und jede therapeutische Intervention sollte so angelegt sein, dass diese innere Bewegung initiiert wird. Die wie auch immer extern angebotenen Erkenntnisse, z. B. in Form von Hinweisen oder auch Büchern, bergen stets die Gefahr, dass das erstarrte Wahrnehmungssystem nur durch weiteres Wissen ergänzt und verfestigt wird. So kann es zu keiner psychischen Dynamisierung der leidvollen Lebenshaltung kommen. Das erstarrte Leidenskonzept braucht eine innere Bewegung und nicht eine erneute Befrachtung mit theoretischem Wissen! Die heilsame, weise menschliche Begegnung soll einen guten Initiator für diesen Inneren Bewegungsimpuls bilden.

Ein weiterer Aspekt der Arbeit mit Inneren Bildern ist die Unmittelbarkeit des Erlebens durch die Selbstexploration, deren hohe Effizienz im Heilungsprozess insbesondere in der Focusing-Forschung[5] umfangreich wissenschaftlich belegt wurde. Dabei spricht der Klient nicht über sich, sondern sucht, tastet, fühlt aus der Mitte seines Themas heraus. Er ist im Zentrum seines psychischen Geschehens! Allerdings nimmt er dieses jetzt meistens aus der Position des weisen, empathischen Beobachters wahr, der nach den abgespaltenen Bedürfnissen des leidvollen Persönlichkeitsanteils sucht.

In der Systematisch-Integrativen Psychosynthese ist entscheidend und von allergrößter Wichtigkeit, dass der Klient nicht in seinem Drama untertaucht und von neuem darin verloren geht, sondern dass er in sich selbst zunächst vielleicht nur schwache, dann immer stärker werdende Heilungsimpulse entdeckt, die die Arbeitsapparate seines Ichs reorganisieren. Dies ist ein weiteres noch nicht genanntes, aber überaus wichtiges Potential des Inneren Beobachters: Er hat Zugriff auf Heilungs- und Weisheitsressourcen, von denen sich der Klient durch die Identifikation mit seinen destruktiven Gedankenmustern abgeschnitten hatte.

Zurück zum Beispiel: Die genannte Klientin phantasierte eine weiche toskanische Landschaft, die ihr Luft zum Atmen, einen weiten Blick, Wärme und einen Platz im Liegestuhl zum Verwöhnen anbot. Mit dem Bild ist sie endlich wieder einmal eingetaucht in diese Qualität ihres Seins. Das Eintauchen und Schwelgen in dieser Landschaft reorganisierte unmittelbar ihre selbstpflegenden Ich-Anteile. Gestärkt und lächelnd kam sie nach einer Weile aus dieser Imagination zurück. Wie kann sie nun selbstwirkend diese Qualität für sich aufrechterhalten? Welche Erinnerungsstützen und Erlebensräume kann sie in ihren Alltag integrieren? Im tastenden, suchenden Gespräch fanden wir Anker für ihr alltägliches Sein. Wird nun das Erwachen dieses vitalen, doch lange überlagerten Lebensgefühls die Klientin zu einer Neu-Positionierung im Zeitmanagement bei der Pflege ihres Vaters bringen? Ja, denn die Seele hat sich bewegt und wurde nicht durch gut gemeinte Ratschläge in den erstarrenden Widerstand geschickt. Und: Einem solchen Impuls der inneren Bewegung muss die Seele immer folgen!

ALS DRITTES:
SCHULUNG DES WILLENS

Parallel zu den bisher genannten Übungswegen, zu denen der Psychosynthese-Therapeut seine speziellen Übungen und Methoden einsetzt, trainiert der Klient seine Willenskraft. Unverständlicherweise hat sich kaum eine psychologische Schule explizit mit dem Willen beschäftigt. Roberto Assagioli jedoch hat uns gerade für die Psychosynthese-Arbeit ein umfangreiches Buch ›Die Schulung des Willens‹[6] hinterlassen, in dem er die Kraft des Willens differenziert untersucht und mit den Übungen der Psychosynthese ins Bewusstsein hebt.

Der Klient muss in der Auseinandersetzung mit seinen Mustern immer auch seinen Willen stärken, sonst wird er bald wieder Opfer seiner destruktiven neurologischen Schematisierung sein. Ist der Stuhl des Willens nicht besetzt, nimmt sofort wieder das Chaos darauf Platz! Hier gibt es Bezüge zu vielen kontemplativen Verfahren, wie z. B. Zen-Meditation, Techniken der Achtsamkeit etc., die sich nur durch regelmäßiges Üben wirklich erschließen.

In der Psychosynthese setzen wir die Willenskraft in Bezug zur Selbstliebe. Bei der nachhaltigen Pflege seines inneren, psychischen Gartens erkennt und entwickelt der Klient das liebevolle Schauen zu sich selbst. Dies ist ein Tun, das weit entfernt ist von dem, was umgangssprachlich als ‚Egoismus‘ bezeichnet wird. Das empathische Schauen des Inneren Beobachters, sein selbstverantwortliches Versorgen mit den persönlichen psychischen Grundbedürfnissen und ihre Korrektur bei irrigen Identifikationen und Wegen, erzeugt immer auch eine Durchlässigkeit für die psychischen Welten des sozialen Umfeldes, für die psychische Welt des Anderen. So wird eine gute Selbstwahrnehmung immer auch zur guten Fremdwahrnehmung.[7]

Die vielfältigen Willensübungen der Psychosynthese sind freundliche Begleiter, die in individueller Absprache mit dem Klienten ausgewählt werden.

> Ein Beispiel: Die Psychosynthese eignet sich auch sehr gut in
> der Arbeit mit Trauernden. Durch den Verlust eines Menschen ist für den Hinterbliebenen die subtile, stabilisierende

Identifikation mit dem Anderen gänzlich weggebrochen und eine identitätsbildende Kommunikation findet mangels Gegenüber nicht mehr statt. Eine große innere Leere entsteht. Der Trauernde braucht nach dem Verlust wieder Begegnung, die ordnend und stabilisierend auf ihn wirkt. Über die Willensübung tritt der Klient nun in die Begegnung zu sich selbst ein und beginnt den leer gewordenen Platz neu zu erkunden. Er beginnt ein Gespräch mit sich und lernt, vielleicht das erste Mal in seinem Leben, sich selbstversorgend zu stärken und zu stabilisieren. Eine der schönsten Übungen aus diesem Schatzkästchen ist die Aufgabe, jeden Tag eine Rose nur für sich zu kaufen und an einen exponierten Platz zu stellen. Sie ist Ausdruck der nun angenommenen Selbstpflege und der täglichen liebevollen Praxis hierzu.

ALS VIERTES:
TEILPERSÖNLICHKEITSARBEIT

Ist so die Meta-Ebene des Betrachtens geübt, sind die Kapazitäten der Heilungspotentiale ins Blickfeld gerückt und die Willenskraft gestärkt worden, wird erkennbar, dass die eigenen Gedanken meist einem spezifischen Muster bzw. Schema folgen. Hier öffnet sich nun die Tür zu einer wirklich wunderbaren Methode, die wir in ihrem Ursprung ebenfalls Roberto Assagioli verdanken: Die Arbeit mit den Teilpersönlichkeiten. Sie wurde, in der Regel leider ohne weitere Kennzeichnung und unter anderen Namen, vielfach anderweitig aufgegriffen, z. B. in der Voice-Dialog-Methode oder der Begrifflichkeit des Inneren Teams.[8] Die Teilpersönlichkeitsarbeit erschließt sich aber nur wirksam in Kooperation mit den übrigen Psychosynthese-Methoden.

Was verbirgt sich hinter dieser methodischen Tür? Aus der Dynamik des psychischen Konflikts greifen wir ein oder mehrere Bewertungsmuster heraus und geben ihnen in der Vorstellung die Gestalt von eigenständigen Persönlichkeiten. Der Kritiker, die Perfektionistin, der Depressive, die Zurückhaltende … treten jeweils wie auf den Punkt genau inszenierte Schauspieler auf die innere, imaginierte Bühne. Mit der ausgewählten Teilpersönlichkeit kommt der Klient nun ins Gespräch. Er schaut erkennend, akzeptierend nach ihrem Erscheinungsbild im Leben, erkundet ihre wirklichen Bedürfnisse und sucht nach imaginativen wie realen Ausdruckswegen für die Stillung ihres meist durch Kompensation notdürftig überdeckten Mangelempfindens. Auch hier steht einem in der Psychosynthese ein ganzes Methodenpaket zur Verfügung. Die Teilpersönlichkeitsarbeit dient der Disidentifikation vom meist belastenden seelischen Inhalt und der Ansprache, wie der Heilung des dahinter liegenden Bedürfnisses. So übernimmt der Klient für eine angemessene Befriedigung des Bedürfnisses selbst die Verantwortung, sei es auf der mentalen Ebene, oder auch im psychosozialen Kontext. Die Teilpersönlichkeitsarbeit nimmt aber auch ganz bewusst (manchmal verborgene) stärkende, unterstützende Seelenanteile in den Spielplan des Lebens auf, die den Klienten dann wunderbar begleiten.

Die Arbeit mit den Teilpersönlichkeiten ist eine von den unterschiedlichen Klienten sehr gut angenommene Technik, die die Übenden bald selbstständig beherrschen. Der Klient beobachtet und betreut nun seine inneren Darsteller, sucht nach der richtiger Dosierung und einen guten Platz für sie im Leben. Ihre Integration ermöglicht auch die Entdeckung ihres Antagonisten, wie vielleicht die Teilpersönlichkeit des Unterstützers, der Geborgenen, des Lebensfrohen und der Mutigen in Analogie zu den weiter oben genannten Beispielen. Die neurobiologische Forschung bestätigt, dass die Transformation von psychischer Bewegung in innere, imaginierte Bilder besonders wirksame Effekte in der sich regenerierenden Seele zeigt.

In der Psychosynthese spricht man davon, in seiner Psyche wie ein Regisseur oder ein Orchesterleiter zu agieren. Es geht darum, die unterschiedlichen Qualitäten seines ‚intra-psychischen Personals' zu kennen und sie in die optimale Besetzung zu bringen. So braucht sich kein Seelenanteil mehr zum ungebetenen Star aufzuspielen. Alle gehören zum Ensemble, aber die Besetzung geht vom Punkt der inneren Weisheit und nicht vom Punkt des inneren Dramas aus!

Ein Beispiel: Ein Mann kommt zur therapeutischen Arbeit, weil er in einer nicht enden-wollenden destruktiven Liebesbeziehung steckt und sich nicht zu entscheiden weiß. In der

Analyse seines Musters kamen wir zu einer Teilpersönlichkeit, die sich in der Liebe immer wieder überfordernde Rahmenbedingungen kreiert. Er nannte diesen Anteil in sich „den Überforderten". Aus der Disidentifikation betrachtet, erschaffte diese Teilpersönlichkeit immer wieder Beziehungsstrukturen, die den Klienten Überforderung erleben ließen. Der Überforderte konstruierte das Muster dabei selbst, in dem er Erwartungen in sich und andere schürte, die gänzlich unrealistisch waren. Der Überforderte wollte Äpfel vom Birnenbaum … Und irgendwie muss es doch hinzukriegen sein, dass aus dem Birnenbaum Äpfel wachsen … In der Therapiestunde entwickelte der Klient ein imaginiertes Bild von diesem ‚Überforderten', schaute nach dem, was dieser brauchte und konnte ihm die vermisste elterliche Liebe und Wertschätzung in einem inniglichen Bild geben; ganz so wie ein väterlicher Freund es tun würde. Mit dieser Teilpersönlichkeit geht der Klient jetzt beobachtend in seinen Alltag und schaut, wo tritt sie auf und wie inszeniert sie dann die Situation. Dieser erkennende Aspekt der Teilpersönlichkeitsarbeit ist sehr wichtig. Auch wendet der Klient sich der Teilpersönlichkeit immer wieder liebevoll zu und nährt sie mit existentiellen Gefühlsqualitäten – mit dem was sie wirklich braucht.

Psychodynamisch hat die Teilpersönlichkeitsarbeit einen elementaren Vorteil: Hinter den belastenden Teilpersönlichkeiten verbirgt sich immer das Drama des (Inneren) Kindes! Im Umgang mit den Teilpersönlichkeiten entwickelt der Klient erste Kompetenzen für die Begegnung mit seinem zentralen Kindheitstrauma. Stolpert er nämlich unvorbereitet, ungestärkt ins erlebte Drama seiner Kindheit hinein, droht eine Re-Traumatisierung (die leider in manchen therapeutischen Schulen als Heilungsweg angesehen wird). Vor diesem Hintergrund erschließt sich zwanglos die Wichtigkeit eines strukturierten Vorgehens, wie es in der Systematisch-Integrativen Psychosynthese üblich ist.

Denn: Die Frage ‚Ist der Klient stark genug, um sein Inneres Kind in seinem Leid selbst aufzufangen und zu betreuen?' muss eindeutig mit JA beantwortet werden können, bevor man sich therapeutisch den schwer belastenden Aspekten seiner Biografie nähern kann. Heilung entsteht nicht durch Re-Inszenierung der traumatischen Situation, sondern nur durch die entwickelte Kompetenz, erlittenen Mangel sich selbst liebend auszugleichen. Der Wissenschaftsjournalist Stefan Klein stellt sich in einem Interview für den WDR 5 ganz hinter die hier skizzierte Erfahrung aus der therapeutischen Praxis.[9] Der Aufbau von tragenden Ich-Strukturen <u>vor</u> der Konfrontation mit dem Kindheitstrauma ist von großer Bedeutung für die Effizienz dieses therapeutischen Schrittes.

So dosiert die ‚Scheibchen‘-Arbeit mit den belastenden Teilpersönlichkeiten den traumatischen Konflikt sehr geschickt auf integrierbare Weise und sammelt Kraft wie auch Heilungskompetenz für eine der tiefsten Konfrontationen im psychischen Erlebnisarchiv: den Traumata aus den Tagen der Kindheit.

> **Zurück zum Beispiel:** Der genannte Klient wuchs in einer Familie auf, die durch eine innere und äußere Heimatlosigkeit ihre Stabilität verloren hatte. Insbesondere die Mutter regredierte in dieser Zeit in eine vielfältige und grenzenlose Bedürftigkeit, die vom Klienten als Kind kompensiert werden sollte. Er sollte für sie sozusagen die Äpfel vom Birnenbaum holen. Hier entwickelte sich sein Überforderungsmuster, das er auf viele weitere Beziehungen in seinem Leben übertrug.

ALS FÜNFTES:
ARBEIT MIT DEM INNEREN KIND

Mit dem Einbezug der ‚Arbeit mit dem Inneren Kind' verlasse ich nun den Boden der ursprünglich von Roberto Assagioli formulierten Psychosynthese. Er hat zu dieser Arbeit nichts Explizites geschrieben. Als Psychoanalytiker wird ihm aber die (früh-) kindliche Traumatisierung und ihre Behandlung beim Klienten natürlich nicht unwesentlich erschienen und Bestandteil seiner Therapie gewesen sein. Wir verdanken die wunderbare Begrifflichkeit des Inneren Kindes seit Anfang der 90iger Jahre den Arbeiten von Erika J. Chopich[10] und Margaret Paul.[11]

Heute hat die Innere Kind-Arbeit in der Psychosynthese einen festen Platz, wenn auch unter dem speziellen psychosynthetischen Blickwinkel. In der Systematisch-Integrativen Psychosynthese schauen wir zu Beginn der Arbeit mit dem Inneren Kind nach den entwickelten Heilungsressourcen des Klienten. Sie sind in einem ersten Teil des psycho-pädagogischen Prozesses entwickelt worden. Wir nennen es auch das Erwachen des Inneren Sozialarbeiters. Ist dieser im Klienten stark genug, besucht der Klient verbunden mit seinen Heilungskapazitäten sein Inneres Kind im Haus seiner Kindheit. Es sei an dieser Stelle nur kurz erwähnt, dass es dabei nicht nur um Konflikte mit den Eltern gehen muss. Auch andere Menschen können prägende Kindheitserfahrungen in unseren Seelen hinterlassen. Mit dem Psychosynthese-Werkzeug-Koffer arbeitet der Patient nun unter enger Begleitung des Therapeuten, der ein empathischer Zeuge für das geschehene Unrecht ist, an folgenden Themen:

- Was braucht das verletzte Kind und wie kann ich es stärken?

- Was muss im Sinne des Kindes mit wichtigen Personen seiner Kindheit imaginativ angesprochen und geklärt werden?

- Wie verabschiede ich mich von den Mitwirkenden an meinem vergangenen kindlichen Drama? Und:

- Wie gehe ich in die volle Verantwortung für die Seelenpflege der daraus entstandenen Verletzungen?

Zur Klarstellung: Alles das geschieht auf der Ebene der inneren Bilderwelt und braucht selten die äußere Konfrontation!

Hier kann der emanzipatorische Ansatz der Systematisch-Integrativen Psychosynthese richtig unbequem werden, wenn der Klient entdeckt, dass jede Projektion auf Vergangenes eine Form der Selbstverletzung ist, deren Beendigung nun einzig in <u>seiner</u> Verantwortung liegt. Dieses Wissen sollte dem Suchenden nicht mahnend angeboten werden, sondern es ist ein heiliger Moment jeder therapeutischen Arbeit, wenn sich diese Erkenntnis durch geschickten Einsatz der Methodik dem Klienten selbst offenbart.

Auch wenn es viele große Vorbilder für die Überwindung von schweren und langandauernden Traumatisierungen gibt, wie z. B. Nelson Mandela oder Viktor F. Frankl oder auch die Protagonisten des Filmes ›Mut zum Leben‹ von Christa Spannbauer[12], sind leider nicht alle Menschen mit dieser Kraft zur Entfaltung des Lebens ausgestattet. Es sollte darum nicht unbedacht bleiben, dass diese Selbstverantwortung ein Quantensprung im Umgang mit dem persönlich erlittenen Leid ist und nicht immer sofort vom Klienten und auch nicht von jedem Menschen gleichermaßen gut geleistet werden kann. Hier kann die Einbindung von neurobiologisch arbeitenden Traumaverfahren sehr hilfreich sein, z. B. die EMDR-Technik[13] oder auch Wing-Wave[14].

Erlittenes Leid muss zwar betrauert werden. Bleibt der Betroffene jedoch in dieser Stufe des Integrationsprozesses stecken, wird er zum immerwährenden Opfer. Auch diese Opferrolle kann eine wichtige Position, eine höchst einflussreiche Teilpersönlichkeit sein! Mit großer Macht versucht sie in der Regel, aus dem konservierten Leidempfinden zu manipulieren und sich der Verantwortung zur Gestaltung eines zufriedenen, eigenständigen Lebens zu entziehen. Dann stellt sich die Frage, was es braucht, um nicht mehr Opfer zu sein, bzw. diesen Teil zu transformieren und zu integrieren.

Die transpersonale Perspektive der Psychosynthese fragt nach dem Reifungsimpuls, der aus dem erlittenen Leid kommen kann. So schrecklich auch manches Geschehen ist: Wie kann man Leid sinnvoll in die Entwicklung seines Selbst integrieren? Die Erfahrung zeigt, dass diese therapeutische Arbeit nur von einem lebenserfahrenen Therapeuten begleitet werden kann, der selbst auch im Ringen um diesen elementaren Erkenntnisschritt gestanden hat.

> **Ein Beispiel:** Eine junge Klientin ist mit einer Mutter groß geworden, die auf Grund von eigenen traumatisierenden Erfahrungen ein zwanghaft-symbiotischen Verhältnis zu ihren Kindern unterhielt. In der Klientin blieb das Gefühl, dem mütterlichen Bild von Perfektion nie genügen zu können und somit eigentlich alles falsch zu machen. Diese selektive Weltwahrnehmung führte zu einer erheblichen Beeinträchtigung ihrer Lebenskompetenz. So vermied sie z. B. den Kontakt zu Gruppen, da sie hier immer ein intensives Gefühl des Nicht-Genügens und der Übergriffigkeit hatte. Als im therapeutischen Prozess sich diese Art von Selbstwahrnehmung nach und nach relativierte und sie reflektorisch-empathische Kompetenz zu sich selbst entwickelte, war sie ausreichend gestärkt, um in den entsprechenden Situationen in die Betreuung ihres Inneren Kindes zu gehen. Ihre innere Sozialarbeiterin war erwacht!

Wenn man in ihr Haus der Kindheit ging, trafen wir auf ein Mädchen (das Innere Kind), was sich unsichtbar machen wollte. Wir fragten: Welche guten Worte der Ansprache braucht es? Wie kann sie ihm die vermisste lebendige elterliche Wärme, aber auch den elterlichen Freiraum zur Autonomie nun selbst geben? Welche imaginierten Handlungen brauchte das Innere Kind, um sich wieder zu zeigen und sich zu wagen, es selbst zu sein? Viele heilende Bilder wurden mit diesem verschwundenen Mädchen stärkend re-inszeniert.

Im Fortschreiten der Therapie führte die Klientin nun, verbunden mit den stärkenden Qualitäten ihrer inneren Sozialarbeiterin, einen Dialog mit den imaginierten Eltern: Was habt ihr bei dem Kind an seelischer Unordnung hinterlassen, die im Ursprung eure eigene ist? Diesen Dialog kann nicht das Innere Kind führen, sondern dies vermögen nur die gereiften Anteile des erwachsenen Klienten. Diese Anteile konnten dann zum rechten Zeitpunkt auch erlittenes Unrecht über eine Symbol-Arbeit an die Verursacher zurückgeben. Nun wurde die Klientin frei von ihrem Anspruch, ihre Eltern könnten noch nachträglich das Versäumte in den Ausgleich bringen. Nun ging sie in die Verantwortung, ein Leben lang dieses Innere Kind in seiner Ver-SELBST-ständigung zu begleiten. Nun konnte sie sich selbst beeltern und übertrug das erlernte Welterleben nicht mehr auf externe Stellvertreter für die Eltern. So konnte sie sich auch in Gruppen endlich wohl fühlen.

Die Arbeit mit dem Inneren Kind sollte, wo immer es möglich ist, in die Vergebungsarbeit münden. Damit ist gemeint, dass der Patient die Opferrolle komplett aufgibt und selbstbejahend Tag für Tag in die Verantwortung für die Entwicklung seines Lebens eintritt. In diesem Falle konnte die junge Frau auch erkennen, dass mancher Rebellionsversuch schon der unbewusste Versuch war, ihrer inneren Wahrheit zu folgen. Hier wurde Protest zur Verheißung. Das Selbst war, auch unter den schwierigen Bedingung, diese Mutter gehabt zu haben, nicht verloren gegangen und leuchtete immer mehr im therapeutischen Prozesses durch ihr Strahlen im Gesicht in die Welt. Herrlich!

Die Vergebungsarbeit wird meistens in einer ritualisierten Form praktiziert. Die Struktur des Rituals schafft einen tragenden Rahmen, in dem der Klient loslassen kann. So paradox es klingt: Loslassen braucht Gehalten-Sein. Neben dem therapeutischen Begleiter bietet das Ritual diese Matrix des Haltens an und bringt den Klienten dadurch auf eine neue Bewusstseinsebene. Dem erfahrenen Psychosynthese-Therapeuten stehen hierzu wiederum verschiedene Wege offen. Er berücksichtigt auch transpersonelle Ideen, wie die Vorstellung, dass man eine Wahl hatte bei den Bedingungen zu seinem Leben. Hier wird er vielleicht die Timeline-Arbeit[15] praktizieren. Das geschieht im systematisch-integrativen Ansatz aber immer mit großer Umsicht und dient nicht einem karmischen Voyeurismus.

ALS SECHSTES:
DAS (HÖHERE) SELBST

Welcher Segen, wenn mit der zunehmenden Entrümpelung der verletzten und blockierenden Anteile aus dem Ich sich allmählich die weisen Anteile des Menschen Raum und Gehör verschaffen. Welches Glück, wenn hinter dem (verletzten) Ego das Selbst erwachen kann!

Sind die Werkzeuge zur Linderung der erlittenen Verletzung erlernt und werden sie auch mit Beständigkeit angewandt, wird immer mehr das Selbst oder Höhere Selbst im Bewusstsein wahrnehmbar. Wir überschreiten hier jedoch eine Grenze im menschlichen Sein, die auch sprachlich nicht mehr konventionell zu erfassen ist und wo wir uns mit Worten meist nur noch herantasten können. Und doch bleibt die Essenz dieser Erfahrung letztlich unbeschreiblich.

Wer sind wir, wenn aller Lärm des Lebens in uns zur Ruhe gekommen ist? Wenn es still und leer geworden ist? Was erwacht dann in uns?

Alles Trennende löst sich auf und unsere Empfindungen werden für vieles mehr durchlässig. So sensibilisiert nehmen wir die tiefe liebende Ordnung der Dinge wahr. Wir spüren die Schönheit des Seins und den Sinn im geführten Weg. Erlebter Frieden löst alle Polarität auf und wir können endlich in die Verantwortung zum Anderen und zum Ganzen gehen. Empathie, Geduld, Wertschätzung, Aufrichtigkeit, Klarheit, aber auch Leichtigkeit, Humor, lebendiger Körperausdruck und vieles mehr werden zum tragenden Lebensgefühl …

Ein Beispiel: In der letzten Sitzung einer 12stündigen Therapie über einen Zeitraum von circa 9 Monaten erzählte die Klientin folgende Begebenheit: Vor kurzem war der Bruder ihres Ex-Mannes, der Onkel ihrer Tochter gestorben, zu dem die Klientin einen besonders engen Kontakt hatte. In rund 500 km Entfernung sollte er nun im Kreise der Familie beerdigt werden. Die Klientin war aber nach der Trennung vom Vater ihrer Tochter in der Familie nicht mehr willkommen. Als sie nach Erhalt der Todesanzeige ihren Wunsch formulierte, zur Beerdigung zu kommen, reagierten dessen Angehörige verhalten. Aber ihr war es wichtig, sich von diesem Menschen, der sie stets unterstützt hatte, zu verabschieden und so fuhr sie trotz der Vorbehalte der Angehörigen und trotz der großen Entfernung zu seiner Beerdigung. Vor Ort spürte sie, dass sie von der Familie bei der Bestattung nicht erwünscht war. Man erging sich ihr gegenüber zwar lediglich in Ausflüchten, aber die Klientin verstand sehr deutlich die Botschaft. Und nun zeigte sie ihre persönliche Reife: Sie entschied sich, erst nach der offiziellen Bestattung zum Grab ihres Onkels zu gehen. Dort ‚verbrachte‘ sie mit ihm noch viele Stunden. Sie beschrieb dies im Nachhinein als eine sehr intensive Zeit, in welcher sie auch mit dem Onkel und der Geschichte in dieser Familie viel hätte betrauern und klären können. Sie war dankbar, dass sie auf diese Weise, ohne Störung und Rücksichtnahme auf die Familie, ihren ganz individuellen Abschied vom Onkel und diesem Lebensabschnitt hatte nehmen können. In ihr gab es keinen Zorn gegenüber der Familie, die ihr die Teilnahme an der Beerdigung verwehrt hatte. Eher hatte sie das Gefühl, dass der Onkel durch dieses Arrangement noch einmal ganz besonders für sie gesorgt hatte.

Wenn die Klientin in diesem gelebten Kontakt zum Selbst angekommen ist, können wir uns als Therapeut dankbar verabschieden. Es ist ein Wunder-voller Moment!

Diese Art von gelebter Psychosynthese unterscheidet sich deutlich von einer kognitiv-intellektuellen Aneignung der Qualitäten des Selbst, wie es beim leichten Konsumieren dieses Wissens z. B. durch Bücher oder dem Besuch von Impuls-Seminaren unbedachterweise leicht vorkommen kann. Ist das Wissen um die Qualität des Selbst nur im Über-Ich abgespeichert, trägt diese Kraft nicht in Krisensituationen! Typisch für eine solche Haltung ist unter anderem die Neigung, anderen und natürlich auch sich selbst aus dem angelernten Material heraus vorschnelle ‚spirituelle‘ Deutungsangebote zu machen. Es fehlt dabei an Empathie für die menschlich-allzumenschlichen Seiten unseres Entwicklungsweges. An die Stelle der einfühlenden Weisheit tritt dann das Bedürfnis zu polarisieren oder zu rechtfertigen.

Um dies zu verdeutlichen, sei als Beispiel gelebter Psychosynthese und tiefgründiger Weisheit Mahatma Gandhi angeführt. ‚Psychosynthetisiert' war er ein gleichberechtigter Bürger in einem freien Indien, was denn sonst! Er war weder mit seiner Kastenzugehörigkeit noch mit seiner Ausbildung und gesellschaftlichen Position als Anwalt der englischen Krone so identifiziert, dass er den Briten mit persönlicher Feindschaft und seinen Landleuten mit einem Gefühl der Überlegenheit begegnete. Auch entwickelte er gegenüber den englischen Besetzern keine Upper-Class-Mentalität und konnte darum auch deren abschätzigen Blick auf die Inder nie nachvollziehen. Er war disidentifiziert ganz mit seinem liebevollen Selbst verbunden. Für seine weise Lebensführung benötigte er keine weitere Argumentation.

Die Systematisch-Integrative Psychosynthese ist ‚Selbst'-verständlich eine transpersonale Psychologie, wie sie Assagioli von Beginn an formulierte. Damit ist gemeint, dass mit der Befriedung des seelischen Resonanzbodens sich weitere Wahrnehmungsräume öffnen, die im Lärm des Tagesbewusstseins gerne verschlossen bleiben. Hier öffnet sich die Tür zur Intuition, zur Sinnhaftigkeit des Lebens und Tuns, zum Erkennen der Lebenslinie und noch anderen transpersonalen Phänomenen. Auch hier ist der Methodenkoffer der Psychosynthese reich gefüllt. Er sollte jedoch nicht im Sinne einer narzisstischen Neugier vorschnell geplündert werden, was – leider - nicht selten geschieht.

Die psychosynthetische Arbeit erfordert eine systematische Klärung und Heilung der belastenden Ich-Strukturen. Dies ist ein erfahrungsintensiver Weg, den man nur in einem angemessenen Tempo gehen kann. Reorganisation braucht Zeit, denn es ist ein natürlicher Wachstumsprozess. Das Tempo der seelischen Bewegung widersetzt sich jeder Crash-Kurs-Anforderung. Auch wenn in der therapeutischen Arbeit die Wärme des Höheren Selbst schon bald durchscheint, darf man sich der Integration ihrer Qualitäten nicht vorschnell sicher sein. Ansonsten besteht immer die Gefahr einer spirituellen Psychopathologie.

Zum Abschluss der Betrachtung des Entwicklungsweges in der psychosynthetischen Arbeit wollen wir uns noch einem entscheiden-

den Faktor zum Gelingen dieses Prozesses zuwenden: Jede psychotherapeutische Methode ist so lebendig und heilsam, wie der
Mensch, der sie mit seinen Klienten praktiziert. Diese Aussage kann
auch ganz allgemein eine Richtlinie sein, bei der Suche nach ei-
nem/einer guten Therapeuten/in. Und wenn wir im abschließenden
Kapitel noch einen Moment zu den professionellen wie inneren
Qualifikationen des Psychosynthese-Therapeuten schauen, sind wir
wieder bei dem kleinen italienischen Mann in Florenz angekommen,
bei dem wir in diesem Buch auch unsere Reise begonnen haben.

ALS SIEBTES:
DER THERAPEUT ALS INSTRUMENT DER HEILUNG

Psychosynthese braucht die Fähigkeit zur Selbstverantwortung
auf der Seite des Klienten und den kreativen Gestaltungsraum
aus der Perspektive des Therapeuten. Zum Erlernen der Psychosynthese bedarf es daher mehr noch als in vielen anderen psychologischen Schulen eines authentisch Lehrenden. Roberto Assagioli, dass zeigte auch die biographische Einführung, muss ein solcher
gewesen sein! Nach persönlichen Erzählungen von Piero Ferrucci,
der lange als sein Schüler die Lebenswirklichkeit von Assagioli erfahren durfte, muss dieser eine tiefe Ausstrahlung der Liebe und Güte
gehabt haben, die in der Lage war, jede psychische Verhärtung zu
durchdringen und eine befreiende und öffnende Bewegung im Klienten anzuregen. Durch kleine Bemerkungen zur rechten Zeit konnte
er tiefe Bewusstseinsveränderungen initiieren. Und manchmal erschien es so, dass er die Menschen durch den weiten und persönlichen atmosphärischen Raum, den er anbot, auch ohne Worte an ihre
innere Wahrheit heranführen konnte, was dann weniger einer äußeren Belehrung als einem Erinnern an die tieferen Möglichkeiten ihres
Seins gleichkam.

Wir sollten solche Schilderungen immer auch in ihrem histori-
schen Kontext verstehen, der in Italien eher von autoritären Persönlichkeiten und einem konservativ-katholischen Lebensstil geprägt
war. Während in unseren Tagen das Themenfeld der Bewusstseins-
kultur dank zahlloser selbsternannter Weiser omnipräsent ist, war die

Beschäftigung hiermit zu Zeiten Assagiolis noch die absolute Ausnahme. Umso mehr muss jemand, der sich wie er erlebbar authentisch dem Thema widmete, eine für die Allgemeinheit imposante Ausstrahlung gehabt haben.

Auch heute sollte der Psychosynthese-Lehrer wie der Psychosynthese-Therapeut die therapeutischen Werkzeuge ebenso für sich selbst anwenden und in einer Beziehung weiser Liebe zu seinem Leben, seiner Arbeit und seinen Klienten stehen. Dabei wollen wir den Begriff der Weisheit nicht im statischen Sinne verwenden, sondern als einen Prozess verstehen, der immer wieder durch Achtsamkeit belebt werden muss. Wer die Qualität des guten Miteinanders einmal erleben möchte, der möge einmal das im Zweijahres-Rhythmus stattfindende ›Forum der Psychosynthese‹ in Köln (ungerade Jahre), ausgerichtet von der ›Deutschen Psychosynthese Gesellschaft (DPG)‹ oder das ebenfalls alle zwei Jahre ausgerichtete ›Forum der Psychosynthese in Überlingen‹ (gerade Jahre), ausgerichtet vom ›Psychosynthese Haus Allgäu Bodensee‹ besuchen.

Wie in allen anderen wichtigen psychotherapeutischen Schulen sind auch die Grundqualitäten des Psychosynthesetherapeuten von einem hohen Einfühlungsvermögen, seinem kongruenten Verhalten und einer transparenten Wahrhaftigkeit geleitet. In der therapeutischen Arbeit ist er innerlich wirklich-wirksam beim Klienten und verbindet das bei diesem virulente Thema sinnvoll mit seinen psychosynthetischen Werkzeugen. Wie Roberto Assagioli schafft er eine Atmosphäre der liebevollen Hinwendung, die sensibel auf Entwicklungsimpulse reagiert. Auch wenn der Patient eine Situation als hochgradig aufgeladen, brisant und kritisch erlebt, bleibt der Therapeut ein offener Beobachter, der sich fragt, welcher eigentlich auf das Selbst ausgerichtete Reorganisations-Impuls sich im aktuellen Drama inszenieren möchte.

Damit gibt er die ansonsten so oft vorherrschende pathologisch-dramatisierende Betrachtung des Geschehens bewusst auf: Die Krise, das Suchen wird als Heilungsgeschehen verstanden! Auch wenn die Psychosynthese viele gute praktische Stabilisierungsmethoden in den akuten Prozess einbringt, ist diese anfängliche Haltung des Therapeuten schon eine besondere Unterstützung für den Patienten, bevor überhaupt nur ein Wort gesprochen wurde. Ist man als Therapeut mit den pathologischen Prozessen der Seele identifiziert (und sei es auch nur in Form einer ‚objektiven' Diagnose), mag diese Sichtweise naiv erscheinen. Allerdings: Diese schließt eine klare psychische Strukturanalyse nicht aus, sondern sie steht im Blick auf den Patienten bzw. der Haltung des Therapeuten dem Patienten gegenüber nicht an erster Stelle. Die Psychosynthese sieht erst den Heilungsimpuls des Geschehens und macht sich dann an die Arbeit, die blockierten seelischen Reorganisationsprozesse funktional wieder in den Entwicklungsimpuls zu integrieren. Und so schauen wir in der Systematisch-Integrativen Psychosynthese konsequent zuerst nach den Ressourcen der Seele und erst danach auf jene Blockaden, die verhindern, diese Potentiale sinnvoll im Leben zur Geltung zu bringen. Das ist sehr wohltuend für den Patienten, der sich oft selbst abwertet und häufig zusätzlich auch von außen eine stigmatisierende Pathologisierung erlebt.

Die aufgezeigte Grundhaltung behält der Therapeut im systematisch-integrativen Ansatz auch bei der klaren Benennung von destruktiven psychischen Impulsen und Wegen bei, wenn er sie bei seinen Patienten erkennt. Dieses Benennen wird beim Therapeuten immer aus einer projektionsfreien, liebevollen Haltung geschehen (er ist sich der Mechanismen von Übertragung und Gegenübertragung sehr wohl bewusst!) und wird bei den Ratsuchenden in der Regel Wachstumsimpulse initiieren. Grenzenlose Toleranz, die wir manchmal in der transpersonalen Psychologie vorfinden, kann auch zur Aufgabe jeder Beziehungsverantwortung führen. Und die Fähigkeit, Kritik anzunehmen und zu integrieren, zeigt immer auch die Souveränität der immer weiter reifenden Persönlichkeit des Klienten.

Es sollten auf beiden Seiten der therapeutischen Arbeit keine ‚Heiligen' installiert werden. Eigene Lebenskrisen und ihre Bewältigung sind förderlich für die Empathie des Therapeuten und seine Geduld bei der Entwirrung von Schicksalswegen. Manches braucht seine Zeit! Und hier zeigt sich der Psychosynthese-Therapeut persönlich deutlich transparenter, als es in vielen anderen Schulen gelehrt wird. Nein, der psychosynthetische Begleiter ist keine ‚weiße Wand', wie sie in der Psychoanalyse und anderen Verfahren gefordert wird! Er ist als Mensch in seinem Entwicklungsweg wahrnehmbar und stilisiert sich nicht als Neutrum. Diese Sichtweise hat ausreichend diskutierte Vor- und Nachteile. Ich persönlich halte die oft eingeforderte Installation der ‚Abwesenheit des Menschen' im Therapeuten für eine auch wissenschaftlich absurde Idee.

Die psychosynthetische Haltung des beseelten Therapeuten ist möglich, weil er nicht mit dem pathologischen Blick zum Patient schaut, sondern sich an der Arbeit zur Befreiung der menschlichen Seele erfreut und auch alle Werkzeuge der Psychosynthese, insbesondere die der Disidentifikation, ständig selbst lebt. Der Kontakt ist somit in der Regel persönlicher und entspricht mehr einem Lehrer-Schüler-Verhältnis. Und es ist immer wieder eine große Freude zu erleben, dass genau aus dieser Beziehung heraus der Schüler sich zutraut, dem Wandlungsmodell des Lehrers und dann sich selbst zu vertrauen und die Werkzeuge der Psychosynthese in sein Leben zu integrieren. Ausdruck dieses gelungenen Kontaktes ist häufig auch ein über den Therapieprozess hinausreichendes und fortdauerndes Interesse der Patienten an den Methoden und Möglichkeiten der Psychosynthese.

Der lehrende Therapeut ist sich bewusst, dass dieses offene Vorgehen vom Patienten missbraucht werden kann. Im Idealfall freut er sich auf die Korrektur seiner Arbeit, die eine solche Erfahrung mit sich bringt. Er wird den sensiblen Bereich von Distanz und Nähe, von persönlicher Offenheit und professioneller Abgrenzung neu ausbalancieren, so dass er der stets individuellen Beziehung zum jeweiligen Patienten angemessen ist. Es sei aber noch erwähnt, dass man sich vor wirklich übergriffigen oder destruktiven Patienten mit keiner Methode schützen kann. Bedauerlicherweise werden diese äußerst seltenen Extremfälle bisweilen zum Maßstab der Ausgestaltung der therapeutischen Begegnung gemacht.

Eine weitere Herausforderung für den Psychosynthese-Therapeuten ist es, nicht der Gefahr des Guru-Habitus zu erliegen, was durch ein spezielles persönliches Profil und Auftreten, aber auch durch die Projektionen der Schüler leicht geschehen kann. Wenn man mit transpersonalen Methoden arbeitet, ist die Verführung, sich in diese Art von Beziehungsmodus zu verirren, nicht zu unterschätzen. In gegengeschlechtlichen Konstellation im Therapeuten-Patienten-Verhältnis scheint sich diese Gefahr häufiger zu realisieren. Unabhängig hiervon gilt: Immer wieder ist Disidentifikation nötig!

Wenn die Lehrenden sich mit ihren Schülern oder Klienten an die Arbeit machen, sollte ein gutes, konzentriertes Bewusstseinsfeld zwischen ihnen entstehen, so dass die liebevolle und geradlinige (Selbst)Betreuung des Lehrers dem Lernenden ein gutes Modell für die Entfaltung der eigenen Selbstliebe vorstellt. Dies sei hier explizit als ein Instrument der psychosynthetischen Arbeit erwähnt, weil die (un)heilige Weisheit des Menschen in der Therapeutenrolle und ihre Auswirkungen auf den Erfolg oder Misserfolg der psychosynthetischen Arbeit wichtige Themen innerhalb des systematisch-integrativen Konzeptes sind. Selbstreflexion, Supervision, aber auch liebevolle Selbstpflege sind für Therapierende immer von großer Bedeutung.

Vielleicht wird an diesen letzten Ausführungen immer mehr ersichtlich, dass die Psychosynthese nicht einfach nur eine weitere psychologische Methode ist, sondern für alle, die sich wirklich mit ihr beschäftigen, eine Lebensphilosophie!

ZUM SCHLUSS

Die Darstellung der zentralen Paradigmen der Systematisch-Integrativen Psychosynthese erfolgte hier in einer gewissen psychodynamischen Chronologie. Diese ist sinnvoll und dient in der Praxis der Ausbildung einer stabilen Ich-Struktur. Der therapeutische Prozess erfordert zwar im individuellen Umgang mit dem Patienten immer wieder ein lebendiges, offenes Spiel mit den genannten Modulen. Der rote Faden der Strukturbildung sollte indes für den therapeutischen Prozess immer leitend sein. So fördert der sorgfältig arbeitende Therapeut in seinem Vorgehen die Entwicklung der tragenden Ich-Apparate, bevor er die als Nächstes anstehende intra-psychische Kompetenzerweiterung in den Fokus bringt. Ein Schritt nach dem anderen!

Wir haben bereits im einführenden Überblick gesehen, dass die grundsätzlich offene Struktur des von Roberto Assagioli eingeführten Psychosynthese-Modells sehr wohl eine auch von ihm vertretene innere Logik in der therapeutischen Arbeit mit den Menschen besitzt. Ein ‚spontanes' Vorgehen, wie man es manchmal vertreten sieht, ist immer nur dann sinnvoll, wenn der Therapeut das bei diesem Menschen bisher Erarbeitete auf seine Tragfähigkeit geprüft hat und die gewonnenen Einsichten des Klienten in die therapeutische Überlegung und Methodenwahl integriert, so dass wieder ein systematisch-integriertes Arbeiten erkennbar wird.

WENN SIE JETZT NEUGIERIG GEWORDEN SIND

Die Systematisch-Integrative Psychosynthese wird in der hier dargestellten Form ausschließlich im Wuppertaler Ausbildungsinstitut für Psychosynthese und interpersonale Psychologie gelehrt.

Die Fortbildung umfasst einen Zeitraum von circa zweieinhalb Jahren, in denen der Ausbildungskandidat einmal im Monat eine zweitägige Fortbildungsveranstaltung (insgesamt 320 Stunden) besucht und während der dazwischen liegenden Wochen Lehr-Emails zur weiteren Auseinandersetzung wie auch für seine persönliche Arbeit im inneren Prozess erhält.

In die Fortbildung integriert ist das schul-psychiatrische Basiswissen zur Abgrenzung und kompetenten Überweisung von Patienten mit schweren pathologischen Erlebensstrukturen. Eine Überprüfung dieses Wissens beim Gesundheitsamt mit der Erlangung des Heilpraktiker-Titels für Psychotherapie nach dem Heilpraktiker-Gesetz wird von vielen unseren Schülern angestrebt. Bei Interesse an der zweieinhalbjährigen Fortbildung in Psychosynthese erhält man weitere Informationen unter

www.urselneef.de
Institut für Psychosynthese und Interpersonale Psychologie

Schimmelweg 17
42329 Wuppertal
☎ 0202.730719
psychosynthese@urselneef.de

Anmerkungen

[1] In seinem Vortrag Weisheit: Was uns immer noch fehlt!, gehalten auf dem BDY-Kongress 2012 (http://www.yoga.de/bdy_kongress/) erwähnt Gert Scobel zehn psychologische Konstrukte, die im Zusammenspiel auch im wissenschaftlichen Sinne eine Definition von Weisheit erlauben. Diese Konstrukte sind:

- Perspektivwechsel
- Empathiefähigkeit
- Emotionswahrnehmung und Emotionsakzeptanz
- Serenität (emotionale Ausgeglichenheit und Humor)
- Fakten und Problemlösungswissen
- Kontextualität (die Berücksichtigung von unterschiedlichen Prioritäten in verschiedenen Lebensphasen)
- Werterelativismus (versus Rigidität)
- Nachhaltigkeitsorientierung bzgl. der Emotionen
- Ungewissheitstoleranz
- Selbstdistanz und Anspruchsrelativität

Scobel scheint diese Anregung aus dem Buch ›Weisheitskompetenzen und Weisheitstherapie‹ von Kai Baumann und Michael Linden, Lengerich 2008 entnommen zu haben. Zu jedem dieser Konstrukte hält die Psychosynthese erprobte und praktikable Übungen in ihrem Methodenkoffer bereit.

[2] Unter www.urselneef.de/Psychosynthese/Eigene_Artikel.html findet man einen Artikel von Dr. Piero Ferrucci mit dem Titel ›Psychosynthese im Lichte der Neurowissenschaften‹. Ferrucci war persönlicher Schüler von Roberto Assagioli, dem Kompositeur der Psychosynthese. Der hier erwähnte Artikel beschreibt, wie die neurobiologische Forschung heute viele Grundkonzepte der Psychosynthese in ihrer Funktionalität wissenschaftlich bestätigt. Auch an dieser Stelle meinen herzlichen Dank an Elke Gut und das Team vom Psychosynthese-Haus Allgäu Bodensee, die mir erlauben, diesen wichtigen Artikel von Piero Ferrucci auf meine Internetseite zu stellen.

[3] In diesem Zusammenhang sei hingewiesen auf das wesentliche Buch von Piero Ferrucci: Werde was du bist. Selbstverwirklichung durch Psychosynthese, Hamburg 1986.

[4] Viele psychosynthetische Konzepte finden wir in der Bewusstseinsschule des Buddhismus wieder. Das Vokabular, die Übungen und die Vorgehensweise der Psychosynthese können dabei sehr hilfreich in der Erschließung

der buddhistischen Kernaussagen sein. Es soll hier die These gewagt sein, dass die Psychosynthese eine Form der Operationalisierung des Buddhismus ist. Dies ist jedoch nicht im religiösen Sinne gemeint, sondern in Sinne der Klärung und Entfaltung von menschlichem Bewusstsein. Das gleiche möchte ich für die mentale Entwicklung des Yoga-Schülers behaupten. Assagioli hat freilich noch aus einem viel größeren Schatz spiritueller Traditionen geschöpft. Auch die christliche Mystik (z. B. Meister Eckhart) sowie die christliche Meditations- und Kontemplationspraxis haben in seinem Modell ihre Spuren hinterlassen. Daraus lassen sich ebenfalls Perspektiven für ein neues Verständnis religiöser und spiritueller Praxis gewinnen! Und schließlich gewinnt man mit dem Methoden der Psychosynthese auch einen Zugang zu jener „Kraft der Gegenwart", über die ein moderner Weisheitslehrer wie Eckhart Tolle in seinem Buch ›Jetzt. Die Kraft der Gegenwart‹ (Bielefeld 2000) so eindrücklich schreibt.

[5] In seinem Vortrag Focusing: Psychotherapie in Innerer Achtsamkeit, gehalten im Rahmen der 60. Lindauer Psychotherapiewochen 2010, hat der renommierte Focusing-Experte Klaus Renn sehr differenziert die Forschungen zum Thema Focusing bzw. die Forschung über die empathischen Beziehung zum inneren Erleben geschildert. Man findet diesen Vortrag in schriftlicher Form unter: http://www.lptw.de/archiv/vortrag/2010/renn_k.pdf

[6] Roberto Assagioli, Die Schulung des Willens - Methoden der Psychotherapie und Selbsttherapie, Paderborn 2008

[7] Wir verdanken es David Bach, einem deutschstämmigen, jüdischen Amerikaner, dass er uns Ende der 1980iger Jahre die Psychosynthese endlich auch nach Deutschland gebrachte hat. Er führte damals in Wolfegg, eingeladen von Dr. Ursula Reincke, die erste Ausbildung in Psychosynthese in Deutschland durch. Aus dieser Ausbildungsgruppe sind alle wichtigen deutschen Ausbildungs-Institute mit langer Tradition entstanden. Er war auch mein Lehrer. Aber an dieser Stelle soll David Bach in einem anderen Zusammenhang Erwähnung finden. Er sagte uns in der Ausbildung immer wieder: „Der Abstand von Dir zum Anderen ist so groß, wie von Dir zu Dir selbst." Dieses Wort scheint einem ähnlich lautenden Zitat von Michel de Montaigne entnommen zu sein. Danke David, dass Du mit uns noch einmal Deine lange, im Schmerz verschüttete Muttersprache aufgenommen hast. David Bach starb 2004 im Alter von 81 Jahren.

[8] Hal u. Sidra Stone, Du bist viele - Voice-Dialogue-Methode, München 1994; F. Schulz v. Thun, Das innere Team in Aktion, Hamburg 2004.

[9] Ich beziehe mich hier auf die Sendung in der WDR 5-Reihe ›Neugier genügt‹ vom 11.2.2013, 10.05 Uhr: ›Ein Unglück kommt selten alleine‹, Autorin: Marcela Drumm. Hier wurde Stefan Klein als Wortbeitrag eingespielt. Klein ist Wissenschaftsjournalist und hat den Bestseller ›Die Glücksformel‹, Reinbek bei Hamburg 2002, verfasst. Er führte in der o.g. Sendung aus: „Die Vorstellung, dass negative Gefühle weggehen, wenn man sie heraus lässt, ist ungefähr so richtig und aktuell wie die Aussage, dass die Erde eine Scheibe ist. Die Wissenschaft sucht seit 50 Jahre nach Belegen dafür, dass wir weniger traurig werden, wenn wir uns ausweinen und das ist schlicht weg falsch. Auch in diesem Sinne kommt ein Unglück selten alleine. Wenn Sie sich nämlich in Ihre negativen Gefühle, ihre Trauer, Ihre Wut hineinbegeben, dann trainieren Sie das Gehirn auf diese Gefühle und Sie werden dadurch noch trauriger, noch wütender werden. Nun sage ich nicht, dass man Wut und Trauer unterdrücken soll. Darum geht es nicht. Man soll sie wahrnehmen. Aber Gefühle sind Botschaften. Und in dem Augenblick, wo ich diese Botschaft wahrgenommen habe, kann ich mich von diesen Gefühlen lösen. Das ist nicht immer ganz leicht, aber man kann das lernen und, das ist in großen wissenschaftlichen Studien gezeigt, ist einer der wichtigsten Schritte glücklicher zu werden."

[10] Erika J. Chopich und Margaret Paul, Aussöhnung mit dem inneren Kind, Freiburg im Breisgau 2011.

[11] Aber auch Alice Miller hat schon 1979 in ihrem Buch ›Das Drama des begabten Kindes‹ (Frankfurt) mit einer ähnlichen Begrifflichkeit wie der des Inneren Kindes gearbeitet. Miller betont in ihren Arbeiten immer wieder, wie schrecklich es für das Kind gewesen ist, keinen Zeugen für sein erlittenes Unheil gehabt zu haben. Der Zeuge hätte das Unheil als solches benennen und damit für eine Versprachlichung des Erlebten sorgen können. Ohne benennenden Zeugen bleibt das Kind in seinem Schicksal sprachlos alleine und nimmt es zu seinem eigenen Mangel.

[12] In diesem Film ›Mut zum Leben‹ von Christa Spannbauer kommen Menschen zu Wort, die den Holocaust überlebt haben und ihre Erfahrungen in Liebe und Kraft transformieren konnten. Unbedingt sehenswert: www.mut-zum-leben-filmprojekt.org/

[13] Arne Hofmann, EMDR - Therapie posttraumatischer Belastungssyndrome, Stuttgart 2009.

[14] Cora Besser-Siegmund/Harry Siegmund, wingwave Coaching, Paderborn 2010.

[15] Monica Hackl, Timeline, München 2000; Bob G. Bodenhamer/L. Michael Hall, Time-Lining in Aktion, Paderborn 2000. Bei der Anwendung dieser Methode wandert man auf einer imaginären Zeitlinie die eigenen Gefühle rekonstruierend durch Abschnitte seines Lebens.

Psychosyntheseadressen für den deutschsprachigen Raum

Es gibt im deutschsprachigen Raum neben dem Wuppertaler ›Institut für Psychosynthese und Interpersonale Psychologie‹ (www.psychosynthese-akademie.de oder www.urselneef.de) einige weitere Psychosynthese-Institute mit einem jeweils eigenen Ansatz und langjähriger Ausbildungstradition. Zu nennen wären:

›Psychosynthese Haus Allgäu Bodensee‹, Überlingen
www.psychosynthesehaus.de

›Circadian‹, Bergisch-Gladbach
www.circadian.de

›ZENtrum für Psychosynthese und Meditation‹, Strassenhaus/Jahrsfeld
www.zentrum-fuer-psychosynthese.de

›Institut für Psychosynthese und Transpersonale Psychologie‹, Köln
www.psychosyntheseinstitut.de

›Zentrum aeon‹, Basel
www.aeon.ch

Für die Psychosynthese gibt es im deutschsprachigen Raum keinen eigenen Dachverband. Der Verein

›Deutsche Gesellschaft für Psychosynthese‹ (DPG)
www.psychosynthese.de

widmet sich seit über zwei Jahrzehnten der Publizierung und Förderung der Psychosynthese. Im jährlichen Wechsel mit dem ›Psychosynthese Haus Überlingen Allgäu‹ werden von der DPG Psychosynthese-Foren zu wechselnden Themen veranstaltet. Auch das ›Institut für Psychosynthese und Interpersonale Psychologie‹ ist aktiv in der Vereinsarbeit und mit regelmäßigen Beiträgen auf dem Kölner Forum vertreten.

Und zum guten Schluss möchten wir noch den

›Nawo-Verlag‹
www.nawo-verlag.com

vorstellen. Er ist ein Fachverlag für Psychosynthese, der viele Bücher von Roberto Assagioli und zu verwandten Gebieten im Bereich der transpersonalen Psychologie herausgibt. Zweimal im Jahr erscheint hier auch die ›Zeitschrift für Psychosynthese‹.

Danksagung

Und dann ist es an einem lauen Abend im Mai geschafft. Wir sitzen im Büro, haben die Türen zum Garten des Wuppertaler Psychosynthese-Hauses weit geöffnet und schauen zu den Pfingstrosen, dem Frauenmantel und der Akelei.

Wir sind sehr dankbar für die vielfältige Unterstützung von unseren Schülerinnen und Schülern. Ihr habt durch Eure Fragen das Feld der Psychosynthese für uns noch einmal erweitert und die Perspektiven vertieft. Und Ihr habt uns gedrängt, endlich unsere Version der Psychosynthese einer größeren Öffentlichkeit vorzustellen. Wir sehen Euch alle auf den Terrassen sitzen, im Pavillon und manchmal auch mitten im Astilbenbeet. Habt Dank für Euer Interesse. Ihr ward alle sehr wichtig!

In der etwas mühseligen Phase der Druckumsetzung haben uns Sven Kerkhoff und Christoph Ehlert sehr schnell beim Korrekturlesen geholfen. Und immer durften wir bei Christiane Hackethal anrufen, die alle technischen Tricks kennt und für uns bald jedes Problem gelöst hatte. Petra Karl danken wir für das wunderbar dynamische Logo.

Und irgendwie meinen wir einen kleinen italienischen Mann durch unseren Garten spazieren zu sehen, der sich daran freut, dass seine Lehre nun hoffentlich auch auf diesem Wege in die Herzen der Menschen gelangt.

Vielen Dank, dass Sie dieses Buch gelesen haben.

Die Autoren

Ursel Neef, Jg. 1956, Dipl.- Sozialwissenschaftlerin/Heilpraktikerin Psychotherapie nach dem Heilpraktiker Gesetz. Sie war 1988 Mitglied der ersten Psychosynthese-Ausbildungsgruppe in Wolfegg/Allgäu. Anschließend gründete sie 1993 das Institut für Psychosynthese und interpersonale Psychologie in Wuppertal. Sie ist Psychosynthese-Therapeutin, Supervisorin, Lehrtherapeutin und Fortbildungsleiterin sowie Mitautorin des Buches ›Sich dem Leben öffnen – Pioniere und Pionierinnen der Psychosynthese‹, erschienen in der DPG, Köln 2010. Dazu kommen weitere publizistische Arbeiten. www.urselneef.de / www.psychosynthese-akademie.de

Dr. theol. Georg Henkel, Jg. 1969, studierte Theologie, Musikwissenschaft und Kunstgeschichte in Münster. Heute lebt und arbeitet er in Wuppertal und Düsseldorf. Er ist Dozent am Institut für Psychosynthese und Interpersonale Psychologie (www.psychosynthese-akademie.de). Darüber hinaus ist er als Lehrer, Erwachsenenbildner, Psychosynthese-Coach, Supervisor und Entspannungstrainer tätig. 2013 erschien sein Buch ›Den Inneren Narren entdecken‹ im Verlag Gesundheitspflege (www.gesundheitspflege.de). Weitere Veröffentlichungen zu Spiritualität in Kunst und Musik.

Über tredition

Der tredition Verlag wurde 2006 in Hamburg gegründet. Seitdem hat tredition Hunderte von Büchern veröffentlicht. Autoren können in wenigen leichten Schritten print-Books, e-Books und audio-Books publizieren. Der Verlag hat das Ziel, die beste und fairste Veröffentlichungsmöglichkeit für Autoren zu bieten.

tredition wurde mit der Erkenntnis gegründet, dass nur etwa jedes 200. bei Verlagen eingereichte Manuskript veröffentlicht wird. Dabei hat jedes Buch seinen Markt, also seine Leser. tredition sorgt dafür, dass für jedes Buch die Leserschaft auch erreicht wird

Autoren können das einzigartige Literatur-Netzwerk von tredition nutzen. Hier bieten zahlreiche Literatur-Partner (das sind Lektoren, Übersetzer, Hörbuchsprecher und Illustratoren) ihre Dienstleistung an, um Manuskripte zu verbessern oder die Vielfalt zu erhöhen. Autoren vereinbaren unabhängig von tredition mit Literatur-Partnern die Konditionen ihrer Zusammenarbeit und können gemeinsam am Erfolg des Buches partizipieren.

Das gesamte Verlagsprogramm von tredition ist bei allen stationären Buchhandlungen und Online-Buchhändlern wie z. B. Amazon erhältlich. e-Books stehen bei den führenden Online-Portalen (z. B. iBook-Store von Apple) zum Verkauf.

Seit 2009 bietet tredition sein Verlagskonzept auch als sogenanntes „White-Label" an. Das bedeutet, dass andere Personen oder Institutionen risikofrei und unkompliziert selbst zum Herausgeber von Büchern und Buchreihen unter eigener Marke werden können.

Mittlerweile zählen zahlreiche renommierte Unternehmen, Zeitschriften-, Zeitungs- und Buchverlage, Universitäten, Forschungseinrichtungen, Unternehmensberatungen zu den Kunden von tredition. Unter www.tredition-corporate.de bietet tredition vielfältige weitere Verlagsleistungen speziell für Geschäftskunden an.

tredition wurde mit mehreren Innovationspreisen ausgezeichnet, u. a. Webfuture Award und Innovationspreis der Buch-Digitale.

tredition ist Mitglied im Börsenverein des Deutschen Buchhandels.